teach® yourself

improve your german
paul coggle and
heiner schenke

ID1020943

For over 60 years, more than
40 million people have learnt over
750 subjects the **teach yourself**
way, with impressive results.

be where you want to be
with **teach yourself**

For UK order enquiries: please contact Bookpoint Ltd, 130 Milton Park, Abingdon, Oxon OX14 4SB. Telephone: +44 (0) 1235 827720, Fax: +44 (0) 1235 400454. Lines are open 9.00–18.00, Monday to Saturday, with a 24-hour message answering service. Details about our titles and how to order are available at www.teachyourself.co.uk

For USA order enquiries: please contact McGraw-Hill Customer Services, P.O. Box 545, Blacklick, OH 43004-0545, USA. Telephone: 1-800-722-4726. Fax: 1-614-755-5645.

For Canada order enquiries: please contact McGraw-Hill Ryerson Ltd, 300 Water St, Whitby, Ontario L1N 9B6, Canada. Telephone: 905 430 5000. Fax: 905 430 5020.

Long renowned as the authoritative source for self-guided learning – with more than 30 million copies sold worldwide – the *Teach Yourself* series includes over 300 titles in the fields of languages, crafts, hobbies, business, computing and education.

British Library Cataloguing in Publication Data: a catalogue record for this title is available from The British Library.

Library of Congress Catalog Card Number: on file.

First published in UK 1999 by Hodder Headline, 338 Euston Road, London, NW1 3BH.

First published in US 2000 by Contemporary Books, a division of The McGraw-Hill Companies, 1 Prudential Plaza, 130 East Randolph Street, Chicago, Illinois 60601 USA.

This edition published 2004.

The 'Teach Yourself' name is a registered trade mark of Hodder & Stoughton Ltd.

Copyright © 1999, 2004 Paul Coggle and Heiner Schenke

In UK: All rights reserved. No part of this publication may be reproduced or transmitted in any form or by any means, electronic or mechanical, including photocopy, recording, or any information storage and retrieval system, without permission in writing from the publisher or under licence from the Copyright Licensing Agency Limited. Further details of such licences (for reprographic reproduction) may be obtained from the Copyright Licensing Agency Limited, of 90 Tottenham Court Road, London W1T 4LP.

In US: All rights reserved. Except as permitted under the United States Copyright Act of 1976, no part of this book may be reproduced or distributed in any form or by any means, or stored in a database or retrieval system, without the prior written permission of Contemporary Books.

Typeset by Transet Limited, Coventry, England.
Printed in Great Britain for Hodder & Stoughton Educational, a division of Hodder Headline, 338 Euston Road, London NW1 3BH by Cox & Wyman Ltd, Reading, Berkshire.

Papers used in this book are natural, renewable and recyclable products. They are made from wood grown in sustainable forests. The logging and manufacturing processes conform to the environmental regulations of the country of origin.

Impression number   10 9 8 7 6 5 4 3 2 1
Year   2009 2008 2007 2006 2005 2004

contents

introduction

Welcome to *Improve Your German*

Is this the right course for you?

Improve Your German is designed for a number of different kinds of learner.

- Are you an adult learner who has completed a beginners' course such as *Teach Yourself German*?
- Perhaps you are taking up German again after a break from it?
- Are you looking for a course that will help you to achieve an advanced standard in German?
- Do you want to study on your own?
- Are you intending to learn with the support of a class?
- Are you preparing for an examination at an advanced level and do you want a thorough revision course?

If so, you will find this course very well suited to your purposes.

Developing your skills

The language introduced in this course is centred around realistic everyday situations ranging from talking about daily routines, interests and hobbies to expressing opinions or talking about health issues or the media.

The first units are designed to consolidate and build on your previous knowledge, focusing on some of the essential language functions and grammatical points. You will then progress to dealing with more complex language and issues in the subsequent units.

The course covers all four of the basic skills – listening and speaking, reading and writing. If you are working on your own, the audio recordings will be all the more important, as they will provide you with the essential opportunity to listen to German and to speak it within a controlled framework.

The structure of this course

The course book contains **10 course units** plus a **reference section** at the back of the book. There is also a recording which you really should have if you are going to get maximum benefit from the course.

The course units

The course units can be roughly divided into the following categories, although there is obviously a certain amount of overlap from one category to another.

Statement of aims

At the beginning of each unit you will be told what you can expect to learn, in terms of

- what you will be able to **do** in German by the end of the unit and
- the language points that are being introduced.

Presentation of new language

This is usually in the form of spoken language which has been recorded ◖ and which is supported by transcriptions either in the body of the units or in the back of the book. Some assistance with vocabulary is also given.

Practice of the new language

Practice is organized in such a way that you first demonstrate your understanding. You then progress to exercises which require you to utilize the language forms.

Description of language forms and grammar

Information on the forms of the language is presented in two ways:

- in digestible 'bites' in **TIPs**
- in the grammar section.

Learning the forms of the language will enable you to construct your own sentences correctly.

Pronunciation and intonation

The best way to acquire good pronunciation and intonation is to listen to native speakers and to try to imitate them. But most people do not actually notice that certain sounds in German are pronounced differently from their English counterparts until this is pointed out to them. For this reason we include specific advice on the recording.

Information on German-speaking countries

In the **Information** sections **ℹ**, you will find information on various aspects of life – from the attractions of German-speaking cities such as Berlin to the German education and training system.

Vocabulary

In addition to the vocabulary given in each unit, there are German–English and English–German reference glossaries at the back of the book.

Monitoring your progress

You will of course want to monitor your own progress. We provide additional exercises at the end of each unit for you to check whether you have mastered the main points. There are also self-assessment tests at the back of the book to help you further monitor your progress.

The reference section

This contains:

- transcripts of the listening comprehension recordings
- self-assessment tests
- a key to the activities and exercises
- a key to the self-assessment tests
- taking it further
- a list of German irregular verbs
- a glossary of grammatical terms
- a German–English glossary
- an English–German glossary
- an index of grammar points

How to use this course

Make sure at the beginning of each course unit that you are clear about what you can expect to learn.

Much of the language in the course is presented in spoken form. It is therefore important to obtain the recording. Most units contain three recorded dialogues or monologues – the first and the last are also presented in written form in the body of the unit. The transcripts of the second recording in each unit can be found at the back of the book.

Start by listening to the first recording. Try to get a feel for what is being said before you look at the printed text in the book. After this first hearing, refer to the printed text and the vocabulary in order to study the material in more detail. Listen to the recording several times until you feel familiar with it. Don't forget that even when you *recognize* what you hear and read, you will probably still have some way to go before you can *produce* the language correctly and fluently.

Some of the recordings are intended to be listen-only exercises. The main point of listening exercises is to improve your listening skills, so don't be tempted to go straight to the transcriptions at the back of the book in order to read what you are meant to hear. The transcriptions are really only there to help you if you get stuck.

As you move through the unit, read the information about language points, so that you understand how a given feature of the language works. We have tried to make both the language **TIPs** and the grammar explanations as user-friendly as possible, and to present these in relatively small chunks. Of course it is up to you how much time you wish to spend on studying and sorting out the grammar points. Some people find that they can do better by getting an ear for what sounds right; others need to know in detail how the language is put together.

In case you are unfamiliar with some of the terminology used, there is a Glossary of grammatical terms at the back of the book. If you need to find out where a particular point of grammar is introduced or explained, refer to the Grammar index.

The exercises are strategically interspersed throughout the unit. When you have completed an exercise, check your answers carefully at the back of the book. If you have a 'study buddy' it's a good idea to check each other's answers. Most of the exercises have fixed answers, but some are a bit more open-ended. In such cases we usually give just one possible set of answers. In some cases you can use the recording and / or transcripts to check your answers. The recording will also help you check the pronunciation of new vocabulary.

In most units, one of the activities is a simple liaison interpretation exercise. This is your chance to produce spoken German within a controlled framework. Model responses are provided on the recording.

It is a good idea to make your own list of new words and phrases for each unit. Before you move on to a new unit you can then monitor your progress in vocabulary learning. Try covering up the English side of your list and producing the English equivalents of the German. If you find that relatively easy, go on to cover up the German side and produce the German equivalents of the English. Trying to recall the context in which words and phrases were used may help you to learn them better.

To enjoy success in learning a language, you need to work at it regularly. Don't try to do too much at once. For most people 20 minutes a day is more productive than two hours in a block once a week.

01

Leute, Leute

In this unit you will learn how to
- talk about personal details
- ask other people about themselves
- ask different types of questions

- use prepositions
- identify gender, and form the plural of nouns

▶ Aufnahme 1

Ein Interview mit Frau Peters

Hören Sie, was Frau Peters über sich erzählt, und machen Sie dann Übungen 1 und 2.

Listen to what Frau Peters says about herself and then do exercises 1 and 2.

Reporter Frau Peters, können Sie ein bisschen über sich erzählen?

Frau Peters Ja, natürlich. Mein Name ist Ulrike Peters. Ich bin 1962 in Berlin geboren, bin dort auch aufgewachsen und lebe jetzt seit 12 Jahren hier in Köln.

Reporter Und sind Sie berufstätig?

Frau Peters Ja, ich arbeite halbtags als Fremdsprachen-Sekretärin bei einer Versicherungsfirma. Normalerweise arbeite ich am Vormittag, von halb neun bis ein Uhr, und die Arbeit macht mir sehr viel Spaß.

insurance company

Reporter Und welche Sprachen sprechen Sie?

Frau Peters Ich spreche fließend Französisch und Englisch. Ich habe vier Jahre in Bristol gelebt und dort an der Universität studiert. Außerdem kann ich ein bisschen Spanisch und Italienisch.

Reporter Sind Sie denn verheiratet?

Frau Peters Ja, ich bin seit fast 10 Jahren mit meinem Mann verheiratet und wir haben zwei Kinder.

Reporter Was macht denn Ihr Mann?

Frau Peters Mein Mann ist selbstständig. Er ist Architekt und hat ein kleines Architektenbüro hier in Köln.

Reporter Und haben Sie ein Hobby?

Frau Peters Im Moment habe ich leider nicht viel Zeit. Ich interessiere mich aber sehr für Sprachen und gehe einmal in der Woche zu einem Englischkurs für Fortgeschrittene. Die Klasse macht mir sehr viel Spaß.

Übung 1: Richtig oder falsch?

Korrigieren Sie die falschen Aussagen

Decide whether the following statements are true or false and correct the false statements. As with all exercises, you can check your answers in the **Key** at the back of the book.

Beispiele: Frau Peters ist in Köln geboren. – *Falsch. Sie ist in Berlin geboren.*
Sie arbeitet halbtags bei einer Versicherungsfirma. – *Richtig.*

a   Die Arbeit gefällt ihr nicht. *Falsch* *Nein.*
b   Sie hat vier Jahre in Schottland gelebt.
c   Sie ist seit fast 10 Jahren verheiratet.
d   Ihr Mann ist Angestellter in einem Architektenbüro.
e   Sie geht zu einem Anfängerkurs in Englisch. *Falsch*

aufwachsen (sep.)	*to grow up*
berufstätig sein	*to be working, to work*
die Versicherungsfirma (-firmen)	*insurance company*
fließend	*fluent*
selbstständig	*self-employed*
für Fortgeschrittene	*for advanced learners*
der Anfängerkurs (-e)	*beginner's course*

Übung 2: Welches Wort fehlt?

Fill the gaps with the appropriate word from the box.

Beispiel: Frau Peters arbeitet. → Sie ist *berufstätig*.

Part time
a   Sie arbeitet Teilzeit. → Sie arbeitet _halbtags_
b   Ihre Arbeit gefällt ihr. → Ihre Arbeit macht ihr _Spaß_.
c   Frau Peters hat einen Ehemann. → Sie ist _verheiratet_.
d   Ihr Mann hat eine eigene Firma. → Er ist _selbständig_
e   Sie spricht sehr gut Französisch. → Sie spricht _fließend_ Französisch.
f   Ein Hobby von ihr sind Sprachen. → Sie _interessiert_ sich für Sprachen.

fließend	Spaß	verheiratet	halbtags	interessiert
	selbstständig	~~berufstätig~~		

TIP 1: Forming questions

In German there are two main types of question. The first starts with a question word, such as **woher?, wie?, was?**, etc.:

> Woher kommen Sie?
> Was macht Ihr Mann beruflich?

Here the question word is usually in the first position and followed by a verb.

The second type are often called **ja/nein** questions, because they require either **ja** or **nein** as an answer. Here the verb moves into the first position.

> Kommen Sie aus Deutschland?
> Ist Ihr Mann berufstätig?

Now read through the dialogue again. How many ja/nein and w- questions can you find?

TIP 2: Prepositions and locations, etc.

When talking about your personal details you usually want to say where you come from, where you have worked or studied, and so on.

Here is a list of useful prepositions for this purpose:

to come **from** –	Ich komme **aus** Berlin.
to work **as** –	Er arbeitet **als** Architekt.
to work **for** a company – Versicherungs-	Ich arbeite **bei** einer firma.
to work **in** an office etc. –	Sie arbeitet **in** einem Büro.
for twelve years –	Sie wohnt **seit** 12 Jahren in Köln.

*Can you work out from the dialogue how you would say to **study at** and **to be married to** in German? Remember that you can check all your answers in the **Key**.*

Übung 3: Wie heißen die Präpositionen?

Darren wrote a short biographical note about himself in German but wasn't sure about which prepositions to use. Can you help him?

> *Ich wurde __am__ 3. Dezember 1979 (a) Manchester geboren. Als ich 10 Jahre alt war, zogen meine Eltern (b) Bristol. Im Moment studiere ich (c) der Universität. Nebenbei jobbe ich (d) einer Kneipe. Ich bin nicht verheiratet, aber ich habe (e) vier Jahren eine Freundin, Tracy. Sie kommt (f) Bath und ist Therapeutin (g) einem Krankenhaus. Später möchte ich gern (h) Informatiker arbeiten.*

Übung 4: Was passt zusammen?

Find the right answer for each question

a	Wie heißen Sie, bitte?	i	Ja, seit sieben Jahren.
b	Kommen Sie denn aus Kanada?	ii	Ich arbeite bei der Royal Bank of Scotland.
c	Und wo sind Sie geboren?	iii	Ich lerne es seit fünf Jahren.
d	Sind Sie verheiratet?	iv	Mein Name ist John Harrison
e	Haben Sie Kinder?	v	In der Nähe von Glasgow.
f	Und sind Sie berufstätig?	vi	Nein, aus Schottland.
g	Wie lange lernen Sie Deutsch?	vii	Zwei Töchter und zwei Söhne.

Und was antworten Sie? Now go through the questions and answer them for yourself.

▶ Aufnahme 2

Drei Kandidaten stellen sich vor

Übung 5

In einer Fernsehshow stellen sich drei Personen vor. Hören Sie die Aufnahme an und finden Sie die fehlenden Informationen.

Three candidates introduce themselves in a German TV show. Listen to the recording and fill in the missing information in the grid overleaf.

Remember that the transcripts of all the recordings which don't appear in the units are printed in the back of the book. Here is a reminder of the words you might need for the marital status column: **single/ledig** *single*, **geschieden** *divorced* and **verwitwet** *widowed*.

	Alter	Familienstand	Wohnort	Beruf	Hobbys
Martin			*Apolda, in Thüringen*		
Petra				*Hotelfachfrau*	
Max					

You can check your answers on the recording or in the **Key**.

vorstellen (sep.)	*to introduce*
die Ausgabe (-n)	here: *edition*
in der Nähe von	*close to, near*
das Bockbierfest (-e)	*bock beer festival*
ein zeitraubender Job	*a time-consuming job*
die Hotelfachfrau	*hotel manageress*
die Pension (-en)	*guesthouse, pension*
führen	here: *to run*
gefährlich	*dangerous*

Übung 6: Welche Frage passt?

Which of the three statements answers the questions?

1 Ja, ich bin der Martin.
   a Wie heißen Sie denn?
   b Können Sie sich bitte vorstellen?
   c Und wie ist Ihr Nachname?

2 Nicht so viel. Aber ich gehe gern ins Kino.
   a Bleibt Ihnen denn Zeit für ein Hobby?
   b Und was machen Sie gern in Ihrer Freizeit?
   c Gehen Sie gern ins Kino?

3 Ich bin Hotelfachfrau.
   a Was machen Sie in Ihrer Freizeit?
   b Was sind Sie von Beruf?
   c Was sind Ihre Hobbys?

4 Nein. Ich bin single und noch zu haben.
   a Und sind Sie single?
   b Und sind Sie ledig?
   c Und sind Sie verheiratet?

5 Ich liebe es gefährlich und mache Bungeespringen.
   a Was machen Sie denn nicht gern?
   b Was für Hobbys haben Sie?
   c Ist Bungeespringen gefährlich?

ℹ German-speaking countries

German is spoken not only in Germany, but also in Luxemburg, Switzerland and Austria. Altogether there are about 110 million speakers. Standard German is called **Hochdeutsch**, but there are many dialects with their own vocabulary and grammar which continue to thrive, especially in southern Germany, Austria and Switzerland. The feeling of belonging first and foremost to a region, such as Bavaria or Thuringia, is very strong in Germany.

There are, of course, close political and cultural links between Germany, Austria and Switzerland. It is quite common for people from these countries to appear in game shows on German TV or radio. So whenever you tune in to German language programmes on the radio or TV, don't be surprised to hear a broad variety of accents and dialects.

The ARD is one of the main public broadcasting organizations in Germany

▶ Übung 7: Sagen Sie's auf Deutsch!

Which phrases in **Aufnahme 2** were used to express the following? If you are not sure, look at the transcript at the back of the book. You can check your answers on the recording and also remind yourself of the correct pronunciation.

a Can you please introduce yourself briefly.
b What do you do for a living? (*lit.* What are you by profession?)
c What do you do in your spare time?
d What sort of hobbies do you have?
e I like going to the cinema.
f In the holidays I go surfing.

TIP 3: Gender

Here are a few guidelines based on the endings of nouns which might help you work out the genders of certain nouns.

Masculine nouns	-ig, -ismus, -ist, -ling, -or
Feminine nouns	-a, ei, -enz, -heit, -ie, -ik, -ion, -keit, -schaft, -tät, -ung, -ur
Neuter nouns	-chen, -(i)um, -lein, -ment, -tel, -tum

Note that there are some exceptions to these general guidelines (such as **das Genie** or **der Moment**). The majority of nouns ending in **-e** tend to be feminine (**die Frage, die Kneipe**), but watch out for exceptions such as **der Name**.

Übung 8: Wie heißen die Artikel?

Do you know the gender of the following nouns? Try to do the exercise first and then check the endings against the guidelines in *TIP 3*.

a *die* Bundesrepublik   d ___ Dokument   g ___ Museum
b ___ Nation   e ___ Kapitalismus   h ___ Gymnasium
c ___ Wirtschaft   f ___ Sozialismus   i ___ Deutsch-klasse

▶ Aufnahme 3

Im Inter-City-Express nach Berlin

Susanne und Marcus lernen sich im ICE auf der Fahrt nach
Berlin kennen. Hören Sie den Dialog an und beantworten Sie die
Fragen.

Übung 9

a Wie oft fährt Marcus nach Berlin?
b Was studiert seine Freundin?
c Was studiert Susanne?
d Wo arbeitet ihre Schulfreundin in Berlin?
e Was möchte sie Susanne zeigen?
f Wie findet Marcus die Leute in Berlin?

Marcus Fährst du das erste Mal nach Berlin?

Susanne Ja. Ich wollte Berlin schon seit langem besuchen, aber
hatte nie genug Zeit. Und du? Warst du schon mal in
Berlin?

Marcus Ja, schon öfters. Meine Freundin wohnt dort und darum
fahre ich fast jedes zweite Wochenende dorthin.

Susanne Und woher kommst du?

Marcus Ich wohne in Hannover.

Susanne Na, das ist ja nicht so weit.

Marcus Nicht so weit? Tja, aber auf Dauer ist diese Fahrerei ganz
schön kostspielig.

Susanne Und was macht deine Freundin in Berlin?

Marcus Sie studiert Film an der HdK, der Hochschule der Künste.
Sie ist natürlich sehr glücklich, dass sie dort einen
Studienplatz bekommen hat. Und was machst du?
Studierst du auch?

Susanne Ja, ich studiere Medizin in Göttingen. Ich möchte gern
Kinderärztin werden.

Marcus Und was willst du in Berlin machen?

Susanne Ich besuche eine alte Schulfreundin von mir, die seit
einem Jahr in Berlin wohnt und in einer Kneipe arbeitet.
Sie will mich ihren Freunden vorstellen und mir natürlich
das Berliner Nachtleben zeigen. Darauf freue ich mich
schon.

Marcus Mir gefällt Berlin sehr gut. Ich finde, dass die meisten Leute sehr offen sind. Überhaupt kann man hier Menschen aus der ganzen Welt treffen. Das macht die Stadt sehr lebendig. Dir wird es bestimmt sehr gut gefallen.

auf Dauer	*in the long term*
die Fahrerei	*travelling*
kostspielig	*expensive*
der Studienplatz (-¨e)	*university place*
darauf freue ich mich	*I am looking forward to that*
lebendig	*lively*

Übung 10: Ergänzen Sie

Study the dialogue once more and complete these phrases with the missing information.

a Susanne wollte Berlin ...
b Marcus kommt ...
c Die Fahrerei ist auf Dauer ...
d Seine Freundin ist glücklich, dass ...
e Susanne möchte gern ...
f Sie besucht eine ...
g Marcus sagt, in Berlin kann man ...
h Das macht die Stadt ...

Grammatik

Prepositions

As you saw in *TIP 2* the prepositions used in German are often different from those which English-speakers might expect. Here are a few guidelines to help you decide which preposition to use in a given context. The list is not comprehensive, but it does give you the most commonly found usages.

a Origins / details
   to live **in** –   Claudia wohnt **in** Dresden.
   to come **from** –   Ich komme **aus** Berlin.
   to be married **to** –   Sie ist **mit** Michael verheiratet.

b Work

to work **in** an office etc. –	Sie arbeitet **in** einem Büro.
to work **as** –	Er arbeitet **als** Architekt.
to work **for** a company –	Ich arbeite **bei** einer Versicherungsfirma.

c Time

20 years **ago** –	**Vor** 20 Jahren ...
For 20 years –	**Seit** 20 Jahren ...

d Study / leisure time

to go **to** school –	Die Kinder gehen **in** die Schule.
to study **at** –	Er studiert **an** der Humboldt-Universität.
to go **to** a course –	Sie geht **zu** einem Englischkurs.

Don't forget that a preposition + article is commonly combined to form one word:

in + das	Jörg geht **ins** Büro.
zu + dem	Frau Heinze muss **zum** Arzt.
zu + der	Er geht **zur** Arbeit.

For information on the cases which follow prepositions, see Unit 7.

Gender

In *TIP 3* you saw that there are guidelines to help you work out and remember the gender of nouns in German. Here are a few more pointers that you may find helpful.

Masculine

Days of the week, months and the four seasons: der Dienstag, der April, der Sommer.
Makes of car: der BMW, der Toyota, der Mercedes.
Alcoholic drinks: der Wein, der Schnaps, der Gin (*exception*: das Bier).

Feminine

Names of motorbikes and ships: die Honda, die Titanic.
Names of some flowers: die Rose, die Butterblume.

Neuter

Most metals: das Eisen, das Gold, das Silber.
Names of hotels, restaurants and cinemas: das Ritz, das Abaton.
Infinitives used as nouns: das Tanzen, das Bungeespringen.

EXTRA TIP: Plural of nouns

Like knowing the genders, forming the plural is often seen as quite difficult in German. Here is an overview of the most common forms which might make it easier for you:

1 Most masculine nouns add an **-e** in the plural and very often an umlaut:

> der Tisch → die Tisch**e**; der Ball → die B**ä**ll**e**

But there are important exceptions, where no umlaut is added, e.g.:

> der Tag → die Tag**e**; der Schuh → die Schuh**e**

2 Most feminine nouns add **-n** or **-en**:

> die Tasche → die Tasche**n**; die Frau → die Frau**en**

There are also a number of common feminine nouns which add an **-e** + umlaut:

> die Hand → die H**ä**nd**e**, die Stadt → die St**ä**dt**e**

3 Neuter nouns often add **-e**, but no umlaut:

> das Bier → die Bier**e**; das Haar → die Haar**e**

Another commonly found ending is **-er** + an umlaut where possible:

> das Kind → die Kind**er**; das Buch → die B**ü**ch**er**

Note: 'Imported' nouns Some nouns imported from English and French simply add **-s** in the plural: der Chef → die Chef**s**; das Team → die Team**s**.

Mehr Übungen

1 Wie heißen die Artikel?

Using the guidelines in *TIP 3* on noun endings and the notes in the grammar section, can you find the right article for each of the following nouns? Group the nouns in the appropriate column of the box.

Woche	Temperatur	Ferrari
Mittwoch	Sommer	Opel
Sonntag	Winter	Gymnasium
Natur	Dezember	Mädchen
Landschaft	Sprache	Märchen
Region	Pension	Tanzen
Passion	Fußballmanschaft	Schwimmen
Rose	Freundschaft	Nationalität
Silber	Schnaps	Identität
Gold	Wein	Intelligenz

der	die	das
Mittwoch	*Woche*	

2 Give the plural form of these nouns

a	der Beruf	→ die **Berufe**	f	die Kneipe	→ die _____
b	der Kurs	→ die _____	g	die Stadt	→ die _____
c	der Gast	→ die _____	h	der Zug	→ die _____
d	das Haus	→ die _____	i	das Restaurant	→ die _____
e	der Schnaps	→ die _____	j	das Büro	→ die _____

3 Stellen Sie Fragen

Philipp Häfner was interviewed for a magazine in Berlin. Here are his answers. Can you work out what the questions were?

Beispiel: Mein Name ist Philipp Häfner.
   → *Wie ist Ihr Name, bitte? / Wie heißen Sie?*

a Nein, ich bin Österreicher, aber ich wohne in Berlin.
b Aufgewachsen bin ich in Salzburg.

c Ich spreche fließend Englisch, Französisch und Italienisch.
d Ich bin DJ in einigen Clubs in Berlin.
e Nein, ich bin single.
f Nein, ich habe keine Kinder.
g Ich gehe gern in Konzerte und fotografiere gern.

▶ 4 Und jetzt Sie!

Herr Brandt is a guest on a TV show. Take on his role, using the English prompts to guide you.

Tip: Pause the recording while you think of your German responses.

Moderator	Herr Brandt, können Sie ein bisschen über sich erzählen?
Sie	*Say yes, of course. Say that your name is Matthias Brandt and that you were born in 1955 in Hanover, but that for 20 years you have lived in Berlin.*
Moderator	Und sind Sie berufstätig?
Sie	*Say yes, you are self-employed. Say that you are an architect.*
Moderator	Und sind Sie verheiratet?
Sie	*Say yes and that you have one daughter, Steffi. Explain that your daughter is a student and studies at the university of Heidelberg.*
Moderator	Und haben Sie ein Hobby?
Sie	*Say that you like going to the cinema and that you like reading. Say that you are also interested in languages.*
Moderator	Leben Sie gern in Berlin?
Sie	*Say yes. Say that the people in Berlin are friendly and Berlin is really interesting.*

Und was sagen Sie? This time answer the questions for yourself and change Berlin into your own home town.

Lesetext

Leute, Leute

1 Lesen Sie den Text und beantworten Sie die Fragen:
   a Wie alt ist Chris?
   b Seit wann hat er seinen Führerschein?

c Sitzt er in seiner Freizeit gern am Computer?
d Seit wann hat er ein eigenes Auto?
e Was ist das Problem?

Chris's Page

Über mich:

Ich bin 18 Jahre alt, besitze seit zwei
Monaten die Führerscheingruppen
A, B, C, E, F und G und gehe in die
12. Klasse des Heinrich-Heine-Gymnasiums in München,
das heißt ich habe dieses Jahr Abitur. Meine Hobbys sind
Computerspielen, Internetsurfen, Chatten, Elektronikbasteln
und Modellbau und seit neuestem Autofahren. Seit einer
Woche bin ich stolzer Besitzer eines Mazda 323 1.3 70 PS,
nur 10 Jahre alt, und bin sehr froh, dass ich ein eigenes
Auto habe, aber leider frisst diese Kiste so viel Benzin.

der Führerschein (-e)	driving licence
das Abitur	German school-leaving exam taken at age 18+
der Modellbau	model building
die Kiste (-n)	old banger (car)
das Benzin	petrol

02 mein Tagesablauf

In this unit you will learn how to
- talk about daily routines, including work and home life
- express frequency of events
- use verbs in the present tense
- arrange word order
- identify separable and inseparable verbs

▶ Aufnahme 1

Lorenz Müller ist Lehrer an der Friedrich-Schiller-Universität in Jena. Er beschreibt, was er an Wochentagen und am Wochenende macht.

Hören Sie die Aufnahme an und beantworten Sie dann die Fragen in Übung 1.

Mein Tagesablauf beginnt morgens gegen halb acht, wenn ich aufstehe und anschließend frühstücke. Zum Frühstück esse ich normalerweise Brötchen mit Marmelade oder mit Nutella und trinke eine Tasse Kaffee, türkisch.

Meistens gehe ich aber dann erst mittags in die Stadt, in die Universität, weil meine Seminare erst später stattfinden. So habe ich also Zeit, am Vormittag zu Hause am Schreibtisch zu arbeiten, Seminare vorzubereiten, beziehungsweise zu lesen. Zur Arbeit fahre ich meistens mit dem Bus, aber manchmal laufe ich auch in die Stadt – es sind nur zehn Minuten zu Fuß.

Meine Seminare beginnen meistens erst am frühen Nachmittag oder sogar erst am frühen Abend. Mittagspause habe ich zwischen zwölf und zwei. Ich esse dann in der Mensa. Wenn ich keine Seminare habe, komme ich dann am frühen Nachmittag nach Hause, gehe einkaufen oder erledige was sonst an Arbeit in der Wohnung anfällt. Am Abend lese ich ausgiebig die Zeitung, schaue Nachrichten im Fernsehen, manchmal dann noch einen Film. Gewöhnlich lese ich aber etwas, beziehungsweise höre Radio oder eine Schallplatte.

Am Wochenende besuchen wir öfters Freunde, gehen essen, besuchen die Schwiegereltern oder gehen ein wenig spazieren. Aber es muss auch all die Arbeit getan werden, die während der Woche liegen geblieben ist. Es wird gewaschen, sauber gemacht, aufgeräumt.

Hobbys habe ich insofern keine, da glücklicherweise mein Beruf mein Hobby geworden ist. Ich beschäftige mich ausgiebig mit der Literatur und schreibe auch selbst.

Übung 1: Richtig oder falsch?

Korrigieren Sie die falschen Aussagen.

a Lorenz Müller steht normalerweise um 8.30 Uhr auf.
b Am Vormittag arbeitet er meistens zu Hause.
c Bis zur Universität ist es weit.
d Normalerweise isst er zu Hause.

e Seine Seminare gibt er meistens am Nachmittag.
f Abends geht er oft in die Kneipe.

stattfinden (sep.)	*to take place*
beziehungsweise	*or, alternatively*
die Mensa	*refectory, university dining hall*
anfallen (sep.)	*to come up (of work)*
ausgiebig	*thoroughly*
die Schwiegereltern	*parents-in-law*
sich beschäftigen mit	*to concern oneself with*

Note the special use of the passive here:

es wird gewaschen	*washing is done; (here) we do the washing*
es wird sauber gemacht	*cleaning is done; (here) we do the cleaning*
es wird aufgeräumt	*clearing up is done; (here) we do the clearing up*

There is more on the passive in Unit 9.

Übung 2: Wie heißt das auf Deutsch?

Finden Sie im Text die deutschen Wörter für

a to get up
b to have breakfast
c to go shopping
d to start
e to visit

TIP 1: When talking about daily routine, it is important to be able to say how often you do things. Here are some useful words:

meistens (*mostly*), normalerweise (*normally*), öfters (*often*), gewöhnlich (*usually*), manchmal (*sometimes*), gelegentlich (*occasionally*), selten (*seldom, rarely*), nie (*never*)

Which of these words does Lorenz Müller use? Read the text again and underline them.

Words used to relate a sequence of events:

zuerst *(at) first*	Zuerst haben wir etwas gegessen.
dann *then*	Dann haben wir uns unterhalten.

danach *after that, then*	Danach haben wir Zeitung gelesen.
als Nächstes *next*	Als Nächstes haben wir Kaffee getrunken.
anschließend *afterwards*	Wir sind dann anschließend ins Theater gegangen.
später *later*	Später haben wir noch einen alten Freund besucht.
zum Schluss *finally*	Zum Schluss habe ich ihn wieder in sein Hotel gebracht.

TIP 2: **Word order**

You might remember that in German the verb usually comes in second place in the sentence. So, if you start the sentence with a phrase other than the subject, the subject has to go after the verb. This is called subject–verb inversion:

1	2	3	
	VERB	SUBJECT	
Zum Frühstück	trinkt	Lorenz	eine Tasse Kaffee.
Am Wochenende	besuchen	sie	öfters Freunde.

Übung 3

Start these sentences with the italicized phrase and make any other changes to the sentence that are necessary.

Beispiel: Ich stehe *um 7.30 Uhr* auf.
Um 7.30 Uhr stehe ich auf.

a Morgens gegen halb acht beginnt *mein Tagesablauf*.
b Ich trinke Orangensaft *zum Frühstück* und esse ein Croissant mit Marmelade.
c Ich gehe *normalerweise* gegen acht Uhr aus dem Haus.
d Wir arbeiten *meistens bis* 18.00 Uhr.
e Wir besuchen *am Wochenende* öfters Freunde oder gehen essen.
f Mein Freund und ich fahren am Wochenende *zum Windsurfen* an den Starnberger See.

Übung 4: Was macht Herr Müller normalerweise?

Re-tell Lorenz Müller's daily routine by using the prompts as a guide. But be careful – first you have to put them in the right order.

( ) frühstückt
( ) liest und hört Musik
(1) steht normalerweise gegen halb acht auf
( ) gibt Seminare an der Universität
( ) geht oder fährt nach Hause
( ) arbeitet zu Hause
( ) isst in der Mensa

Beispiel: *Gegen halb acht steht Herr Müller normalerweise auf.*
Dann ...

▶ Aufnahme 2

Was macht Frau Wolfram?

Corinna Wolfram ist 22 Jahre alt und arbeitet als Kellnerin in
München. Sie ist vor zwei Jahren von Würzburg nach München
gezogen. Hören Sie, was sie erzählt, und unterstreichen Sie die
richtige Antwort.

You don't have to understand all the details of the conversation.
Just try to get the main information and underline the correct
answer. There is some vocabulary to help you below.

Übung 5: Welche Antwort stimmt?

a Ihre Gaststätte ist bis um Mitternacht/bis nach Mitternacht
geöffnet.
b Sie kommt oft vor eins/um eins/gegen eins, halb zwei nach
Hause.
c Dann liest sie/hört sie Musik/geht sie ins Bett.

d Sie steht um neun/um neun, halb zehn/um halb zehn Uhr auf.
e Zum Frühstück trinkt sie Orangen- oder Grapefruitsaft/ Tomatensaft.
f Ihre Arbeit fängt um vier Uhr nachmittags/um vier Uhr morgens an.
g Zweimal in der Woche hat sie Spanischstunden/ Englischstunden.
h Ihre Eltern sieht sie dreimal/viermal/fünfmal im Jahr.

Es kommt darauf an, ob ...	It depends whether ...
jmdm. zur Verfügung stehen	to be at someone's disposal
Ich stelle mich unter die Dusche.	I take a shower.
die Scheibe (-n)	here: slice
in Anspruch nehmen	to take up, make demands on
auffrischen (sep.)	to freshen up, polish up
der Starnberger See	a large lake about 20 km from Munich
höchstens	at the most
zu Weihnachten	at Christmas
bei Geburtstagen	on birthdays

Übung 6: Welche Antwort passt?

Decide which of the sentences best answers the question.

1 Corinna, seit wann wohnst du in München?
   a Ich bin jetzt 22 Jahre alt.
   b Ich bin vor zwei Jahren hierher gezogen.
   c Höchstens viermal im Jahr.

2 Was machst du, wenn du nach der Spätschicht nach Hause kommst?
   a Es kommt darauf an, ob ich Frühschicht oder Spätschicht mache.
   b Bis 4 Uhr nachmittags kann ich machen, was ich will.
   c Ich stelle mich unter die Dusche und gehe sofort ins Bett.

3 Warum machst du Englischstunden?
   a Weil wir in der Gaststätte so viele Ausländer haben.
   b Weil ich so gut Englisch spreche.
   c Weil das nicht allzu viel Zeit in Anspruch nimmt.

4 Treibst du Sport?
  a Ja, einmal in der Woche bringe ich meine Wäsche zum Waschsalon.
  b Sonst gehe ich mit meinem Freund ins Kino.
  c Ja, ich gehe ziemlich oft windsurfen.

5 Gehst du oft deine Eltern besuchen?
  a Ja, sie besuchen mich oft.
  b Leider nicht öfter als viermal im Jahr.
  c Nein, sie wohnen in der nächsten Straße.

▶ Übung 7: Sagen Sie's auf Deutsch!

Which phrases in the recording with Corinna were used to express the following? To check, you can find them in the previous exercises or at the back of the book.

a It (all) depends …
b around one (o'clock)
c I'll take a quick shower.
d a slice of toast
e now and again
f four times a year at most
g at Christmas
h on birthdays

TIP 3: **Separable verbs**

In this unit you came across a number of verbs like **aufstehen** or **fernsehen**, so-called separable verbs:

auffrischen	*to freshen up, to polish up*
aufräumen	*to clear up*
fernsehen	*to watch television*
stattfinden	*to take place*
vorbereiten	*to prepare*

Remember that the first part of these verbs (**auf-**, **vor-**, etc.) often has to separate from the verb stem (**-frischen**, **-bereiten**, etc.): Heute **räume** ich mein Zimmer **auf**.

Note that with modal verbs, such as **können**, **müssen**, etc., the separable verb does not split up: Ich **muss** mein Zimmer **aufräumen**.

Übung 8: Trennbare Verben

Form commonly used separable verbs by addding a prefix from the left circle to a main verb from the right circle. For some verbs there is more than one possibility. Make sure you understand the meaning of the verbs.

Beispiel: **anfangen** = *to start* (also: **einfangen** = *to catch*)

Übung 9: Welche Verben passen?

Fill in the gaps in these sentences using separable verbs from *TIP 3* and *Übung 8*.

a Herrn Müllers Seminare _____ erst am Nachmittag _____.
b Am Vormittag _____ er sich auf den Unterricht _____.
c Die Geschirrspülmaschine ist kaputt. Herr und Frau Müller _____ selber _____.
d Nach dem Essen _____ Frau Wolfram das Geschirr _____.
e Das Konzert _____ am Samstag in der Konzerthalle _____.
f Viele Kinder _____ mehr als drei Stunden pro Tag _____.
g Er _____ sehr gern Gäste zu sich nach Hause _____.
h Ich muss mein Deutsch _____.

▶ Aufnahme 3

Frau Beitz, 78, ist Rentnerin und Witwe. Sie erzählt über ihren Alltag.

Übung 10

a Hören Sie die Audioaufnahme an und entscheiden Sie, ob die folgenden Aussagen richtig oder falsch sind.

	✓	✗
Sie steht um 7 Uhr auf.		
Zum Frühstück isst sie Croissants.		
Nach dem Frühstück liest sie Zeitung.		
Sie besucht gerne eine ihrer Freundinnen.		
Meistens isst sie in einem Restaurant zu Mittag.		
Ihr Hobby ist Stricken.		
Sie sieht nicht gern Unterhaltungssendungen.		
Sie geht gegen 22 Uhr ins Bett.		

b Lesen Sie dann den Dialog und überprüfen Sie Ihre Antworten.

Paul Frau Beitz, Sie sind Rentnerin und wohnen hier allein. Wird Ihnen nicht manchmal langweilig?

Frau Beitz Aber nein! Mir wird nie langweilig. Es gibt ja allerhand zu tun. Meistens stehe ich schon um 7 Uhr auf. Ich hole dann ein paar Brötchen von der Bäckerei und koche Kaffee. Ich frühstücke ganz gemächlich – im Sommer sitze ich in der Morgensonne auf meinem Balkon. Anschließend lese ich die Zeitung. Ich interessiere mich nämlich sehr für Politik.

Paul Sehen Sie auch fern?

Frau Beitz Ja, aber erst abends und dann nur selten. Während des Tages gehe ich lieber eine von meinen Freundinnen besuchen oder wir gehen zusammen im Stadtpark spazieren. Gelegentlich esse ich in einem Restaurant zu Mittag.

Paul Haben Sie Familie?

Frau Beitz Ja, mein Sohn Helmut kommt mich fast immer am Wochenende besuchen. Er wohnt mit seiner Frau in Hamburg, also gar nicht weit weg. Wir machen dann samstags oder sonntags schöne Ausflüge in die Umgebung – mal die Ostseeküste entlang nach Wismar oder Rostock, mal in nördlicher Richtung nach Kiel oder Flensburg.

Paul Haben Sie irgendwelche Hobbys?

Frau Beitz	Ich stricke gern. Ich bin gerade dabei, einen Pullover für meine Urenkelin zu stricken. Sie ist erst 3 Jahre alt und wohnt in Osnabrück. Im März war ich eine Woche dort bei meiner Enkelin und ihrem Mann zu Besuch.
Paul	Und was für Fernsehprogramme schauen Sie sich gerne an?
Frau Beitz	Vor allem Nachrichtensendungen, Podiumsdiskussionen und Dokumentarfilme. An Ratesendungen und Unterhaltungsserien habe ich gar kein Interesse.
Paul	Und wann gehen Sie ins Bett?
Frau Beitz	Normalerweise erst gegen Mitternacht. In meinem Alter braucht man ja nicht mehr so viel Schlaf!

Wird Ihnen nicht langweilig?	*Don't you get bored?*
gemächlich	*leisurely*
der Ausflug (-¨e)	*excursion, trip*
die Umgebung (-en)	*surrounding area*
stricken	*to knit*
ich bin gerade dabei, ...	*I'm just (in the process of) ...*
sich etwas anschauen (sep.)	*to watch something (e.g. on TV)*
die Nachrichtensendung (-en)	*news (broadcast)*
die Podiumsdiskussion (-en)	*panel discussion*
der Dokumentarfilm (-e)	*documentary (film)*
die Ratesendung (-en)	*panel game*
die Unterhaltungsserie (-n)	*light entertainment programme*

Übung 11: Complete the sentences

Study the dialogue once more and then complete these phrases with the missing information.

a Wird Ihnen nicht manchmal ...?
b Meistens stehe ich schon ...
c Im Sommer sitze ich in der Morgensonne ...
d Ich interessiere mich sehr ...
e Gelegentlich esse ich in einem Restaurant ...
f Wir machen samstags oder sonntags Ausflüge ...
g Ich bin gerade dabei, einen Pullover für meine Urenkelin ...
h An Ratesendungen und Unterhaltungsserien habe ich ...

Grammatik

Verb endings in the present tense

Remember that the form of a verb you find in a dictionary is called the **infinitive** (hören – *to hear*, wandern – *to hike*). By cutting off the -en or -n of the infinitive form you get what is called the **stem**.

Here is a short summary of the verb endings for regular verbs in the present:

ich spiel**e**	wir spiel**en**
du spiel**st**	ihr spiel**t**
Sie spiel**en**	Sie spiel**en**
er/sie/es spiel**t**	sie spiel**en**

Note that there are a number of verbs whose stem ends in **-d** or **-t**. These need an extra **-e-** for the 2nd person singular and plural and the 3rd person singular:

arbeiten ich arbeite du arbeitest er/sie/es arbeitet ihr arbeitet

There are also a number of verbs which require a vowel change for the 2nd and 3rd person singular.

TIP: Often verbs whose stem vowel is **e** change to **i** or **ie** and verbs with an **a** or **au** need an umlaut:

essen	ich esse	du **i**sst	er/sie/es **i**sst
lesen	ich lese	du l**ie**st	er/sie/es l**ie**st
fahren	ich fahre	du f**ä**hrst	er/sie/es f**ä**hrt
laufen	ich laufe	du l**äu**fst	er/sie/es l**äu**ft

Separable and inseparable verbs

How to spot separable and inseparable verbs.

a The following prefixes are always **inseparable**:
be-, ge-, ent-, emp-, er-, ver-, zer-.

Note that the main stress of **inseparable verbs** falls on the stem of the verb: bes**ú**chen, empf**é**hlen, verst**é**hen.

b The following prefixes can be **separable** or **inseparable**:
durch-, hinter-, über-, um-, unter-, unter-, voll-, wider-, wieder-.

Verbs with these prefixes tend to be **separable** when the meaning is more concrete, and **inseparable** when they carry a more abstract meaning:

e.g. **über**setzen *to ferry over*
    (separable)

übersetzen *to translate*
    (inseparable)

Er setzte das Boot an das
    andere Ufer über.

*He ferried the boat over to
    the other bank.*

Sie übersetzte den Text ins
    Deutsche.

*She translated the text into
    German.*

Note also the different stress on separable and inseparable verbs.

c Nearly all other prefixes are **separable**: an-, auf-, ein-, etc.

For separable verbs the main stress falls on the prefix: **aúf**stehen, **eín**kaufen, **aús**gehen, **úm**steigen, **státt**finden.

Word order

Although German word order is relatively flexible, there are some basic rules.

a Earlier in this unit you were reminded of **subject–verb inversion** when the sentence starts with a phrase other than the subject, so that the verb is the second idea:

Abends sehe ich meistens fern.
   1   2   3

b Another rule of thumb is TIME – MANNER – PLACE:

	TIME	MANNER	PLACE
Ich fahre	morgen	mit dem Wagen	nach Berlin.
Ich bringe dich	nach der Party	so schnell wie möglich	nach Hause.

Of course, not all these elements have to be present at once:

	TIME		PLACE
Ich fahre	morgen	so schnell wie möglich	nach Berlin.
Ich bringe dich			nach Hause.

Sometimes all three elements *are* present, but one of them comes in first position, so subject–verb inversion becomes necessary:

Morgen fahre ich	mit dem Wagen	nach Berlin.
Nach der Party bringe ich dich	so schnell wie möglich	nach Hause.

Mehr Übungen

1 Welches Verb passt am besten?

Find the most suitable verb. The first one has been done for you.

> laufen   auffrischen   stellen   machen   ~~besuchen~~
> aufräumen   abwaschen   treiben   stricken   kochen
> geben   (sich) anschauen

(a) Freunde: *besuchen*; (b) sich unter die Dusche: _____;
(c) das Geschirr: _____; (d) zum Bus: _____; (e) Sport _____;
(f) ein Seminar: _____; (g) das Zimmer: _____; (h) einen
Pullover: _____; (i) einen Kaffee: _____; (j) das
Fernsehprogramm: _____; (k) einen Ausflug: _____ ; (l) die
Deutschkenntnisse: _____.

2 Word order

Put the phrase in brackets into the appropriate position in the
main sentence.

Beispiel: Frau Peters frühstückt im Café. (fast jeden Morgen)
        Frau Peters frühstückt *fast jeden Morgen* im Café.

a   Claudia fährt im Winter mit der U-Bahn. (zur Universität)
b   Kommst du mit ins Kino? (heute Abend)
c   Theo und Anke gehen in der Mittagspause ins Restaurant. (zu
    Fuß)
d   Manfred fährt nachmittags zu seinem Freund ins
    Krankenhaus. (mit seinem Auto)
e   Hans Martinek geht oft ins Fitnesscenter. (nach der Arbeit).
f   Frau Tiedke kauft abends noch schnell ein. (im Supermarkt)
g   Die Fuhrmanns wollen nächstes Wochenende eine Radtour
    machen. (an die Ostsee)

3 Marianne redet mit ihrer Freundin über ihren Tagesablauf

Setzen Sie die Sätze in die richtige Reihenfolge.

Reconstruct the following dialogue between Marianne and her
friend. Start with sentence (f).

a   Ja, ich esse meistens in einem Restaurant eine warme
    Mahlzeit.

b Es kommt darauf an, ob ich arbeite oder ob ich frei habe.
c Und was machst du abends nach der Arbeit?
d Doch. Ich gehe gern windsurfen. Aber das mache ich am Wochenende oder in den Ferien.
e Meistens erledige ich, was an Arbeit in der Wohnung anfällt. Manchmal schaue ich auch fern oder stricke.
f Wie sieht eigentlich dein Tagesablauf aus?
g Wenn ich arbeite, stehe ich um 7 Uhr auf, wasche mich, frühstücke und fahre mit dem Bus ins Büro.
h Wie ist es, wenn du arbeitest?
i Hast du sonst keine Hobbys?
j Isst du in der Stadt zu Mittag?

▶4 Und jetzt Sie!

Übernehmen Sie die folgende Rolle und sprechen Sie mit Hilfe der englischen Hinweise über Ihren Tagesablauf. Benutzen Sie die Vokabeln, die in dieser Lektion vorgekommen sind. Die Antworten hören Sie auf der Audioaufnahme.

Take on the following role and, with the help of the English prompts, talk about your daily routine. Use the vocabulary that you have met in this unit. The answers can be heard on the recording.

Tip: Pause the recording while you think of your German response.

Bekannte	Wann stehst du eigentlich morgens auf?
Sie	*Tell her that during the week you usually get up at around seven, at weekends mostly at around half past nine.*
Bekannte	Was frühstückst du normalerweise?
Sie	*Say that you normally get rolls from the bakery. Say that you then make coffee and eat rolls with jam and butter, and drink a glass of juice. Say that you also usually read the paper.*
Bekannte	Und wie fährst du zur Arbeit?
Sie	*Say that you mostly go by car, and only seldom by bus.*
Bekannte	Hast du denn auch eine Mittagspause?
Sie	*Tell her that you usually have a lunch break between 12.30 and 13.15. Say that you mostly eat in your company and only occasionally have lunch in a restaurant.*

Bekannte	Und was machst du am Abend, nach der Arbeit?
Sie	*Tell her that you usually watch the news on TV, read a book or listen to the radio.*
Bekannte	Und was machst du gerne am Wochenende?
Sie	*Answer that you sometimes visit friends or your parents, go for a walk occasionally, or do the work that has been left during the week. Say that on Sundays you sometimes make day trips in the surrounding area.*

Und was machen Sie selber?

Go through the questions again and this time answer for yourself.

Lesetext

Der Weg zur Arbeit

56 mit dem Auto

14 mit Bus oder Bahn

9 zu Fuß

6 mit dem Fahrrad

3 mit Motorrad, Moped Mofa oder anderen Verkehrsmitteln

wohnen am Arbeitsplatz 12

Die meisten nehmen das Auto

Rund 12 Prozent der Deutschen können den Arbeitstag stressfrei beginnen, da sie direkt an ihrem Arbeitsplatz wohnen. Das bedeutet, dass sie nach dem Frühstück schon im Büro, im Laden oder in der Werkstatt stehen.

Das sind aber die Ausnahmen. Die anderen müssen sich dagegen jeden Morgen auf den Weg zur Arbeit machen. Die meisten – 56 Prozent – fahren mit dem Auto. Einige finden es bequemer mit dem Auto, andere wohnen so weit außerhalb, dass es für sie keine andere Möglichkeit gibt, als den eigenen Wagen zu benutzen. Mit öffentlichen Verkehrsmitteln – Bahn oder Bus – kommt jeder/jede Siebte – 14 Prozent – zur Arbeit.

Nur 9 Prozent gehen zu Fuß zur Arbeit und noch weniger (nur 6 Prozent) fahren mit dem Fahrrad. Diese Leute haben aber das schöne Gefühl, dass sie etwas für die Umwelt tun.

der Laden (-˙)	*shop*
die Werkstatt (˙-en)	*workshop*
die Ausnahme (-n)	*exception*
außerhalb	here: *out of town*
die öffentlichen Verkehrsmittel (pl.)	*public transport*
das Gefühl (-e)	*feeling*
die Umwelt	*environment*

a What does the figure of 12% represent?
b How do most Germans get to work and why do they choose this method?
c How does one in every seven Germans travel to work?
d What sort of feeling do people get who walk to work or go by bicycle?

Congratulations!

You have made a brilliant start and completed the first two units. Before you move on to the next unit, check your progress in the **Self-assessment test** we have designed for you on page 174.

03

Ausbildung oder Studium?

In this unit you will learn how to
- talk about education and training
- talk and write about past events
- discuss plans for the future

- use the perfect and simple past tense
- form the future tense
- use irregular verbs

▶ Aufnahme 1

Lehre oder Studium?

In der folgenden Höraufnahme spricht Birgit mit ihrem Onkel über ihre Arbeit in Deutschland und warum sie nicht studieren wollte.

Hören Sie den Dialog an und beantworten Sie die Fragen in **Übung 1**.

Hier sind einige nützliche Vokabeln:

die Banklehre	*banking apprenticeship*
die Zweigstelle (-n)	*branch*
der Akademiker (-)	*graduate*
das Abitur	*school-leaving examination taken at 18+*
das Hochschulstudium	*study at an institution of higher education*

Heinz   Deine Mutter hat mir gesagt, dass du bei der Deutschen Bank eine Lehre machst. Hast du denn nicht studieren wollen?

Birgit   Eigentlich doch. Aber ich musste auch einsehen, dass gerade hier in Deutschland für Akademiker Schwierigkeiten bestehen, Arbeit zu finden. Und ich wollte auf keinen Fall arbeitslos werden. Ich habe mich deshalb um eine Banklehre beworben.

Heinz   Kennst du denn Leute, die studiert haben und nachher keine Stellung gefunden haben?

Birgit   Oh, ja! Sehr viele sogar. Bei uns gibt es zu viele Studenten. Es hat ja jeder, der Abitur gemacht hat, das Recht auf ein Hochschulstudium, und die Universitäten sind deswegen überfüllt. In Berlin studieren zum Beispiel etwa 146 000 Menschen. In ganz Deutschland sind es ungefähr 1,8 Millionen. Die Wirtschaft kann so viele akademisch qualifizierte Leute einfach nicht aufnehmen.

Heinz   Als ich aber vor drei Jahren hier war, hast du dich – wenn ich mich recht erinnere – für die englische Sprache besonders interessiert. Hast du das denn aufgeben müssen?

Birgit   Aber gar nicht! Jeden Tag mache ich von meinen Englischkenntnissen Gebrauch. Und im Augenblick lerne ich intensiv Italienisch, da ich im Oktober für ein ganzes Jahr zu unserer Zweigstelle in Florenz geschickt werde.

Heinz Und du bedauerst es wirklich nicht, dass du nicht studiert hast?

Birgit Doch, ein bisschen! Aber ich bin ehrlich gesagt mit meinem Beruf sehr zufrieden.

Übung 1

a Bei welcher Bank macht Birgit eine Lehre?
b Was ist auch für Akademiker schwierig?
c Wie viele Menschen studieren in Deutschland?
d Welche Sprache spricht sie schon sehr gut?
e Wohin geht Birgit im Oktober für ein Jahr?

einsehen (sep.)	to recognize, acknowledge
bestehen	to exist
überfüllt	overcrowded
sich bewerben um	to apply for
sogar	even
aufnehmen (sep.)	to accept, absorb
Gebrauch machen von	to make use of

Deutsche Bank

Übung 2: Wie heißt das im Text?

Finden Sie für die Wörter in *kursiv* die Ausdrücke im Text mit den gleichen Bedeutungen.

Beispiel: ich musste *verstehen* – ich musste *einsehen*

a es *gibt* Schwierigkeiten –
b eine *Arbeit* bekommen –
c die Universitäten sind *zu voll* –
d die Wirtschaft kann so viele Leute nicht *beschäftigen* –
e ich *nutze* meine Englischkenntnisse –

Übung 3: Richtig oder falsch?

Lesen Sie den Dialog noch einmal und korrigieren Sie die falschen Aussagen.

a Für Akademiker in Deutschland gibt es keine Probleme, eine Arbeit zu finden.

b Birgit kennt nur wenige Leute, die studiert haben und jetzt arbeitslos sind.

c Ein Problem ist, dass die deutschen Universitäten zu voll sind.

d Die deutsche Wirtschaft kann so viele Akademiker nicht beschäftigen.

e Birgit hat in ihrem Beruf leider keine Möglichkeit, ihre Englischkenntnisse zu nutzen.

TIP 1: **Talking about the past in German**

If you want to talk about the past in German, for instance about your education, remember to use the perfect tense, which is generally used in spoken German.

However, there are a number of exceptions. If you look back to dialogue 1, you'll find a couple of examples:

Aber ich *musste* auch einsehen, dass ...
Und ich *wollte* auf keinen Fall arbeitslos werden.

These are modal verbs, which are more frequently used in the simple past tense.

Other exceptions include verbs like **sein**, **haben** and **geben**:

Ich *war* letzte Woche krank.
Ich *hatte* eine Erkältung.
Es *gab* nichts zu essen.

Note that these rules are not rigidly adhered to. There is, for instance, an example of the perfect tense being used for a modal verb in **Aufnahme 1**. *Can you find it?*

Übung 4: Wie heißen die Partizipien?

Do you remember how the so-called past participles (the verb form used in the perfect tense) go? If you would like to refresh your memory, go to the grammar section at the end of this unit.

a arbeiten → *gearbeitet*   **c** bewerben → _____
b studieren → _____   **d** passieren → _____

e	verbringen → _____	h	fahren → _____
f	gehen → _____	i	besuchen → _____
g	werden → _____	j	verkaufen → _____

Which of these verbs take **sein**?

Übung 5: Was hat Martin gemacht?

How would Martin Klostermann talk about his education and training? Put the following sentences in the appropriate tense, keeping in mind the points made in *TIP 1*.

Beispiel: Ich/ in Karlsruhe/ aufwachsen.
          Ich bin in Karlsruhe aufgewachsen.

a Dort/ ich/ auch die Schule/ besuchen.
b Mit 19 Jahren/ ich/ das Abitur/ bestehen.
c Danach/ ich/ eine Lehre/ anfangen.
d Ich/ mich/ bei der Dresdner Bank/ bewerben.
e Es/ geben/ viele Bewerber,/ aber/ ich/ haben/ Glück.
f Ich/ dürfen/ auch 3 Monate/ in einer Zweigstelle in New York/ arbeiten.
g Dort/ ich/ sehr viel/ lernen/ und/ können/ auch mein Englisch/ verbessern.
h Vor einem halben Jahr/ ich/ meine Banklehre/ abschließen.

TIP 2: Writing about the past

Just as the perfect tense is mostly used for talking about the past, so the *Präteritum* or 'simple past' is the tense mostly used in the written language. You will find this tense in newspaper articles, novels or, of course, in fairy tales, which usually start with the sentence **Es war einmal** ...

If you want to remind yourself of how to form the simple past, have a look at the grammar section.

Übung 6

This time imagine that Martin Klostermann wants to write about his experiences. Put the sentences from **Übung 5** in the past simple.

Beispiel: Ich/ in Karlsruhe/ aufwachsen.
          Ich wuchs in Karlsruhe auf.

Lesetext

Lesen Sie den Text und machen Sie dann **Übung 7**.

Das deutsche Bildungs- und Ausbildungssystem

In Deutschland, wie in anderen Ländern, gehen viele Kinder in ihren ersten Jahren in einen **Kindergarten**. Das ist aber natürlich nicht obligatorisch. Erst mit 6 Jahren *muss* man zur Schule gehen. Diese erste Schule, die man 4 Jahre lang besucht, heißt die **Grundschule**. Nach der Grundschule entscheidet sich, in welchen Schultyp ein Kind geht.

In der Regel gibt es nach der Grundschule ein dreigliedriges System – die **Hauptschule**, die **Realschule** und das **Gymnasium**. Die Hauptschule führt mit 15 oder 16 Jahren zum **Hauptschulabschluss** und ist beruflich orientiert. Die Realschule führt mit 16 Jahren zur **mittleren Reife** und ist oft der Beginn einer mittleren Karriere in der Wirtschaft oder im öffentlichen Dienst. Das Gymnasium bietet eine akademische Bildung und führt mit 19 Jahren zum **Abitur**, das man traditionellerweise braucht, wenn man studieren möchte.

In einigen Fällen findet man alle drei Bildungsmöglichkeiten unter einem Dach in der so genannten **Gesamtschule**.

Mit dem Abitur hat man das Recht, an einer **Universität** oder **Hochschule** zu studieren (obwohl es heutzutage für viele Fächer Quoten gibt). Man muss mindestens 4 bis 5 Jahre lang studieren, bevor man z.B. das **Staatsexamen** ablegt. Die tatsächliche Durchschnittsstudiendauer ist aber viel länger – ungefähr 7 Jahre. Das Studienjahr hat zwei **Semester** – das Wintersemester und das Sommersemester.

In Deutschland muss man 12 Jahre lang, also bis zum 18. Lebensjahr, zur Schule gehen. Nach 9 Jahren (in manchen Ländern 10 Jahren) darf man die Vollzeitschule verlassen. Man beginnt dann meistens eine Lehre im Handwerk oder in der Industrie, die dann zu einem bestimmten Beruf, wie z.B. Kraftfahrzeugmechaniker/in, Schreiner/in oder Industriekaufmann/-kauffrau führt. Neben der Lehre ist man auch verpflichtet, die **Berufsschule** zu besuchen.

Da die Bildung in Deutschland Sache der verschiedenen Bundesländer ist, gibt es unterschiedliche Bildungssysteme.

das Semester (-)	term, semester
das Staatsexamen (-)	state examination (a degree that is also a teaching qualification)
ablegen (sep.)	to sit, take (an exam)
der Abschluss (-˝e)	leaving examination
der/die Schreiner (-) /in (-nen)	carpenter

Übung 7: Welches Wort passt zu welcher Definition?

a können Kinder besuchen, bevor sie in die Schule gehen: _____

b dorthin müssen alle Kinder gehen: _____

c führt oft zu einer Lehre im Handwerk oder in der Industrie: _____

d der Abschluss dort heißt mittlere Reife: _____

e dort macht man das Abitur: _____

f muss man besuchen, wenn man eine Lehre macht: _____

g braucht man, wenn man studieren möchte: _____

h ein Abschluss, den man an der Universität macht: _____

| Kindergarten | Staatsexamen | Hauptschule | Realschule |
| Gymnasium | das Abitur | Berufsschule | Grundschule |

FRIEDRICH-SCHILLER-UNIVERSITÄT JENA

Semestertermine

	Sommersemester	Wintersemester
Semesterdauer	01. April – 30. September	01. Oktober – 31. März
Vorlesungszeit	12. April – 17. Juli	11. Oktober – 05. Februar

TIP 3: **And the future?**

Now that you have revised the past tenses in this unit, it is time to look at ways of talking about the future in German, e.g. career plans.

The future tense in German is formed by using **werden** together with an infinitive:

Wirst du im Sommer nach England **fahren?**
Will you go to England in the summer?

However, it is also quite common to use the present tense with future meaning:

Fährst du im Sommer nach England?
Are you going to England in the summer?
Ich **bin** bald fertig.
I'll be ready soon.

Note that the German **will** means *want to*, *plan to*:

Ich **will** morgen meinen alten Freund Thomas besuchen.
I plan to visit my old friend Thomas tomorrow.

However, since **will** expresses intentions, it often refers to future events.

A further point to note is that **werden** on its own means *to become*:

Was möchtest du **werden?**
What do you want to be (i.e. become)?

For more information about the future tense, see the Grammar section later in this unit.

Übung 8: Was werden Sie machen?

Beantworten Sie die Fragen, indem Sie **werden** benutzen. Remember the rules on word order that you learned in Unit 2.

Beispiel: Wann macht Andrea ihr Examen? (im Juni)
Sie wird im Juni ihr Examen machen.

a Wann kommt Peter in die Schule? (nächsten Sommer)
b Um wie viel Uhr fängt das Seminar an? (um 16.00 Uhr)
c Wer hält die Vorlesung? (Frau Dr. Martini)
d Bei welcher Firma macht Susanne ihre Lehre? (bei der Telekom)

e Wo machen Sie Ihren Sprachkurs? (in Madrid)
f Wann fangen Sie Ihren neuen Job an? (in zwei Wochen)

▶ Aufnahme 2

Studium – und was dann?

Sie haben schon in **Aufnahme 1** gehört, dass es auch für Studenten nicht leicht ist, eine Arbeit zu finden.

Im folgenden Dialog diskutieren zwei Studentinnen, was sie nach ihrem Studium machen wollen.

Hören Sie den Dialog an und machen Sie dann die nächsten Übungen.

Ilona Ist hier noch frei?

Vera Ja, bitte schön. Ich studiere Anglistik im vierten Semester. Was studierst du?

Ilona Chemie im neunten Semester. Isst du jeden Tag hier in der Mensa zu Mittag?

Vera Nein. Es kommt darauf an, ob ich zu einem Seminar oder zu einer Vorlesung muss. Womöglich arbeite ich zu Hause und esse dann auch da zu Mittag.

Ilona Du hast aber Glück! Wir Chemie-Studenten müssen jeden Tag ins Labor. Versuche durchführen kann man eigentlich nur im Labor. Bald bin ich aber mit dem Studium fertig. Ende nächsten Semesters will ich das Staatsexamen ablegen.

Vera Und was möchtest du dann werden?

Ilona Ich werde mich um eine Stellung beim Umweltministerium bewerben. Die Konkurrenz ist zwar ziemlich stark, aber vielleicht schaffe ich es trotzdem. Und du, was hast du vor?

Vera Ich möchte Gymnasiallehrerin für Englisch werden. Bis ich mit dem Studium fertig bin, wird hoffentlich wieder Nachfrage nach Lehrern bestehen.

Ilona Hast du auch in England studiert?

Vera Ja, ich habe vor zwei Jahren ein Jahr in Canterbury studiert. Es hat ungeheuer viel Spaß gemacht.

die Anglistik	*English language and literature*
der Versuch (-e)	*experiment*
durchführen (sep.)	*to conduct, carry out*
die Stellung (-en)	*position*
das Umweltministerium	*Ministry of the Environment*

die Konkurrenz	competition
schaffen	to manage (coll.)
die Nachfrage	demand
ungeheuer	huge(ly); immense(ly)

Übung 9: Richtig oder falsch?

Korrigieren Sie die falschen Aussagen.

a Vera studiert Anglistik im ersten Semester.
b Chemie-Studenten müssen meistens im Labor arbeiten.
c Ilona will erst in drei Jahren das Staatsexamen ablegen.
d Sie wird sich beim Finanzministerium bewerben.
e Vera möchte Englischlehrerin werden.
f Sie hofft, dass die Situation für Lehrer besser sein wird.

Übung 10

Lesen Sie noch einmal **Aufnahme 2**. Wie viele Beispiele für das Futur mit **werden** können Sie finden? Welche sind sie?

❶ Higher education

There are more than 250 institutions of higher education in Germany. Amongst the best known are Heidelberg, Jena and Tübingen, where, for example, the astronomer Johannes Kepler (1571–1630) studied. Most universities are state institutions, but because of funding problems there have for several years been private universities, too, such as the European Business School in Schloss Reichartshausen. Nowadays more than 30% of any given year-group go on to higher education.

Mehr Informationen?
http://www.bmbf.de und http://www.studieren.de

Übung 11: Sagen Sie's auf Deutsch!

Can you say the following in German? Listen to **Aufnahme 2** for help. You will have to make changes in most instances.

a Is this seat free?
b I have been studying English literature and linguistics for 1½ years.
c Aren't you lucky!
d At the end of the next semester I intend to take my final exam.
e And what would you like to be?

f And what are your plans?
g I would like to teach English in a grammar school.
h It was great fun.

Grammatik

The past tenses in German

Remember that there are two main past tenses in German – the perfect tense (**das Perfekt**) and the simple past (**das Präteritum**).

In German – as in English – there are verbs which are **regular** (e.g. listen – listened – listened) and verbs which are **irregular** (e.g. see – saw – seen).

Regular verbs

To form the **perfect tense** use the appropriate form of **haben** or **sein** (see *EXTRA TIPS* below) together with a past participle. Past participles of regular verbs are formed by putting **ge-** in front of the stem and **-t** at the end.

e.g. hör-en: ich habe **ge**hört   spiel-en: wir haben **ge**spielt

To form the **simple past tense** of regular verbs, take the stem and add the appropriate endings:

e.g. spiel-en: ich spielte   du spiel**test** Sie spiel**ten** er/sie/es
                                                                    spiel**te**
             wir spiel**ten** ihr spiel**tet** Sie spiel**ten** sie spiel**ten**

Irregular verbs

The past participles of most irregular verbs have **ge-** at the front and **-en** at the end. The stem also changes in many cases:

e.g. sing-en: wir haben **ge**s**u**ngen   fahr-en: wir sind **ge**fahren

In the **simple past** the following endings are added to the modified stem. Note that there are no endings for **ich** and **er/sie/es**:

e.g. fahr-en: ich f**u**hr   du f**u**hr**st** Sie f**u**hr**en** er/sie/es f**u**hr
            wir f**u**hr**en** ihr f**u**hr**t** Sie f**u**hr**en** sie f**u**hr**en**

There are a number of verbs (e.g. **bringen, denken, wissen, kennen**), often referred to as **mixed verbs**, which have a change in the vowel but take the endings of the regular verbs, both in the perfect and in the simple past:

e.g. denken: Ich habe oft an Sie gedacht.
Er dachte viel an seine Familie.

Note that some verbs need an extra -e- between certain consonants, such as **t-(s)t**, **n-(s)t** and **d-(s)t**:

Regular verbs: antworten → antwortete → geantwort<u>e</u>t;
regnen → regnete → geregn<u>e</u>t

Irregular verbs: finden → du fandest; halten → du hieltest

EXTRA TIP 1: **The perfect**

A. Haben oder sein?

Although most verbs need **haben** in the perfect, there are quite a few important verbs which form their perfect tense with **sein**. Here are some hints on how to spot them:

1 verbs indicating motion from one place to another: **gehen, fliegen, laufen** etc.:
Ich bin ins Kino gegangen.

2 verbs indicating a change of state (**aufwachen, wachsen, werden, sterben**):
Die Bevölkerung von L.A. ist gewachsen.

3 important exceptions: **bleiben** *to stay*, **sein** *to be*

B. Separable verbs

The past participles of separable verbs, whether regular or irregular, have the **-ge-** in between the separable particle and the verb:

abholen → ab-ge-holt   abfahren → ab-ge-fahren

C. No ge-

The past participles of inseparable verbs (**see Unit 2**) do not take a **ge-**:

verstehen → verstanden

Verbs ending in **-ieren** also fall into this category:

telefonieren → telefoniert; passieren → passiert

EXTRA TIP 2: **Looking out for patterns**

It may help you to try and spot groups of irregular and mixed verbs that follow the same pattern. The main groups are:

1 ei - i - i   schneiden - schnitt - geschnitten / reiten - ritt - geritten
2 i - a - u   finden - fand - gefunden / trinken - trank - getrunken
3 ei - ie - ie   bleiben - blieb - geblieben / schreiben - schrieb - geschrieben
4 ie - o - o   fliegen - flog - geflogen / ziehen - zog - gezogen
5 e - a - o   sterben - starb - gestorben / sprechen - sprach - gesprochen

---

The future tense

The future tense in German is formed with the present tense of **werden** together with the infinitive of the verb in question:

ich werde spielen	wir werden spielen
du wirst spielen	ihr werdet spielen
Sie werden spielen	Sie werden spielen
er/sie/es wird spielen	sie werden spielen

The future tense has rather limited use in German and the present tense is used more widely in German than it is in English to refer to future time:

| Morgen um diese Zeit sind wir in Berlin. | *We'll be in Berlin this time tomorrow.* |
| Wann sagst du mir, ob du kommst? | *When will you tell me whether you'll be coming?* |

It is certainly possible to use the future tense in most instances where future time is being referred to, and this also applies to the example sentences above:

Morgen um diese Zeit werden wir in Berlin sein.
Wann wirst du mir sagen, ob du kommen wirst?

Nevertheless, the present tense is usually preferred so long as the context makes the time reference clear.

The future tense tends to be used for

predictions

| Heute wird es nicht mehr regnen. | *It won't rain any more today.* |
| Das wirst du bereuen! | *You'll regret that!* |

promises

| Ich werde dir morgen im Geschäft helfen. | *I'll help you in the shop tomorrow.* |
| Ich werde nicht zu spät kommen. | *I won't be late.* |

firm intentions

| Ich werde im Sommer in Italien arbeiten. | *I'll work in Italy in the summer.* |
| Ich werde heute Abend mitkommen. | *I'll come along this evening.* |

supposition

| Du wirst heute wohl nichts essen wollen. | *You'll no doubt not want to eat anything today.* |
| Du wirst wohl müde sein. | *You'll no doubt be tired.* |

probability

| Er wird wohl heute Abend ankommen. | *He'll probably arrive this evening.* |
| Anna wird wohl krank sein. | *Anna must be ill.* |

Note that the modal particle **wohl** is often used with the future tense to express supposition or probability.

Mehr Übungen

1 Welches Verb passt am besten?

> studieren bewerben ~~machen~~ feiern besuchen
> ablegen schreiben treffen diskutieren lesen
> durchführen unterrichten

(handwritten: apply)

a eine Ausbildung: *machen*;
b sich bei einer Firma: _bewerben_ *(handwritten)*
c an einer Universität: _studieren_ *(handwritten)*
d Versuche: _____
e sich mit Freunden: _____ *(handwritten mark)*
f in der Bibliothek: _____ *(handwritten mark)*
g ein Seminar: _____
h vor einer Klasse: _____
i über ein Thema: _____
j eine Examensarbeit:_____
k ein Staatsexamen: _____
l eine große Party: _____

Make sure you know how the verbs go in the past tenses. There are also a number of verbs which wouldn't take a **ge-** in the perfect. Which are they?

2 Irregular verbs

Do you know how they go in the perfect and simple past tenses? Check which ones follow one of the patterns mentioned in *EXTRA TIP 2*.

anrufen – anziehen – beginnen – bitten – bringen – denken – empfehlen – essen – fahren – finden – fliegen – geben – gewinnen – halten – helfen – kennen – laufen – leiden – lesen – nehmen – reißen – rufen – schießen – schlafen – schneiden – schwimmen – sehen – singen – sitzen – sprechen – steigen – sterben – tragen – treiben – trinken – verbieten – verbringen – verlieren – wachsen – wissen

Seven of the verbs take **sein** in the perfect. Do you know which?

▶ 3 Hilda und Werner erzählen ihren Freunden von ihren Plänen für die kommenden Wochen

Setzen Sie die folgenden Sätze in die Gegenwartsform. Überprüfen Sie dann Ihre Antworten auf der Audioaufnahme.

Beispiel: Nächste Woche werde ich einen Sommerferienjob suchen.

Nächste Woche suche ich einen Sommerferienjob.

a Morgen werden wir unsere Eltern besuchen.
b Am Dienstag werde ich im Garten arbeiten.
c Demnächst werden wir das Haus renovieren lassen.
d Ich werde bald mit meinem Englischkurs anfangen.
e Im Oktober werden wir nach England fahren.
f Im September wird Martin in die Schule kommen.
g In zwei Wochen werde ich meinen Job als Bedienung anfangen.
h Übermorgen werde ich zum Friseur gehen.
i Am Wochenende werden wir zum Windsurfen gehen.
j Übrigens, das Abendessen wird gleich fertig sein!

▶ 4 Und jetzt Sie!

You talk to a friend about your career plans after doing the **Abitur**. Complete the dialogue with the help of the English prompts.

Freund Was hast du denn jetzt nach dem Abitur vor?

Sie *Tell him that you actually wanted to study, but that you absolutely didn't want to be unemployed, that's why you intend to do an apprenticeship.*

Freund Was für eine Lehre möchtest du denn machen?

Sie *Tell him that you really want to do a carpentry apprenticeship, but that the people who have done **Hauptschulabschluss** or **mittlere Reife** have better chances at that.*

Freund Warum bewirbst du dich denn nicht um eine Stelle als Industriekaufmann?

Sie *Tell him that you know that more and more people with **Abitur** are applying for these places, but that you would prefer to work creatively rather than do an office job.*

Freund Und was willst du machen, wenn es mit der Schreinerlehre nicht klappt?

Sie *Tell him that then you would like to study biology and become a teacher, and hopefully, there will be a demand for teachers once again when you have done your final exam.*

Lesetext

Studienzeiten

Quelle: iw

© Globus

Italien	4,5 Jahre	7.5 Jahre
Frankreich	über 4	7
Deutschland (alte Länder)	4 bis 5	7
Niederlande	4,1	5,9
Schweden	4	ca. 5,5
USA	4,1 bis 4,2	über 5
Japan	4,1	4,3
Großbritannien	3,5	unter 4

1 Lesen Sie den Text und beantworten Sie die folgenden Fragen:

a Wie alt sind deutsche Studenten, wenn sie ihr Studium beenden?

b Wie alt sind die britischen Studenten?

c Wie viele Jahre studiert man in Großbritannien und Deutschland?

d Wo studiert man kürzer: in Japan oder in den USA?

e Wie lange studieren die Franzosen?

f In welchem Land brauchen Studenten noch länger als in Deutschland?

Studienzeiten: Schnelle Briten

Im Vergleich mit den meisten anderen Ländern studieren die Deutschen länger und sind schon fast Omas und Opas, wenn sie die Universität verlassen. Im Schnitt 27,9 Jahre alt sind die Jungakademiker, wenn sie nach über sieben Jahren Uni-Leben endlich den Vorlesungssaal mit dem Büro vertauschen.

Die Briten sind da weitaus schneller. Sie studieren im Durchschnitt nur knapp halb so lange wie ihre deutschen Studienkollegen – weniger als vier Jahre. Den akademischen Abschluss erreicht der Durchschnittsstudent auf der Insel dann noch im 22. Lebensjahr.

Auch die Japaner sind schneller als die Deutschen: Nach etwas mehr als vier Jahren können sie ihre berufliche Laufbahn starten.

Etwa ein Jahr länger brauchen die Amerikaner, die mit rund 26 Jahren die Universitäten verlassen. Viele Franzosen verbringen etwa genauso viel Zeit zwischen Bibliothek, Mensa und Seminarraum wie die Deutschen, haben aber wegen der kürzeren Schulzeit schon mit 26 ihr erstes Studium abgeschlossen.

Nur die Italiener brauchen mit rund 7,5 Jahren noch länger als die deutschen Studenten an den Hochschulen. Da sie aber früher mit dem Studium beginnen, sind sie auch eher fertig als die Deutschen – im Schnitt ein Dreivierteljahr.

der Vergleich (-e)	*comparison*
der Vorlesungsaal (-̈e)	*lecture theatre*
vertauschen	*to exchange*
der Durchschnitt	*average*
die Laufbahn (-en)	*career*
die Mensa (Mensen)	*refectory*

04

aus der Arbeitswelt

In this unit you will learn how to
- talk about jobs
- discuss conditions of work

- use co-ordinating and subordinating conjunctions
- apply punctuation

▶ Aufnahme 1

Was sind Sie von Beruf?

In der folgenden Höraufnahme unterhalten sich Herr Krause und Frau Kubig auf einem Flug von Stuttgart über ihre Reiseziele und ihre Berufe.

Hören Sie den Dialog an und beantworten Sie dann die Fragen in Übung 1.

Herr Krause   Wohin fliegen Sie? Nach Budapest?

Frau Kubig   Nein, nach Wien. Und Sie?

Herr Krause   Ich fliege nach Budapest. Ich habe dort geschäftlich zu tun. Machen Sie Urlaub in Wien?

Frau Kubig   Nein. Ich gehe zu einem Ingenieur-Kongress. Ich bin nämlich Bauingenieurin.

Herr Krause   Was?! Da muss ich aber staunen! Bauingenieur habe ich mir immer als Männerberuf vorgestellt.

Frau Kubig   Ach, nein. Wir bilden zwar immer noch nur eine kleine Minderheit, aber Frauen gibt es schon seit mehreren Jahren in diesem Beruf.

Herr Krause   Ja, wenn man so ein bisschen genauer hinschaut, findet man heutzutage Frauen in fast jedem Beruf.

Frau Kubig   Und was sind Sie von Beruf, wenn ich fragen darf?

Herr Krause   Ich bin leitender Angestellter bei einer Firma, die Werkzeugmaschinen herstellt. Ich fliege nach Budapest, um Verhandlungen mit einer ungarischen Firma zu führen.

Frau Kubig   Und wie gefällt Ihnen Ihr Beruf?

Herr Krause   Eigentlich habe ich nur selten genügend Zeit, mir diese Frage zu stellen! Ich bin jetzt seit 7 Jahren bei der Firma Pfauter beschäftigt und bin im Allgemeinen sehr zufrieden. Bloß möchte ich etwas mehr Zeit haben für meine Frau und meine Kinder.

Frau Kubig   Zeitmangel ist ja eines der größten Probleme, wenn man berufstätig ist. Und Geschäftsreisen nehmen natürlich viel Zeit in Anspruch.

Herr Krause   Sicher, aber für mich ist das Reisen einer der attraktivsten Aspekte meiner Arbeit.

Frau Kubig   Für mich auch.

der Bauingenieur (-e)/ -in (-nen)	*civil engineer*
der leitende Angestellte (-n)	*executive, manager*
die Werkzeugmaschine (-n)	*machine tool*
Ich habe dort geschäftlich zu tun	*I've got business to do there*
die Minderheit (-en)	*minority*
genau(er) hinschauen	*to take a close(r) look*
staunen über	*to be amazed at*
sich etwas vorstellen	*to imagine something*
herstellen (sep.)	*to produce*
die Verhandlung (-en)	*negotiation*
die Geschäftsreise (-n)	*business trip*
der Zeitmangel	*lack of time*

Übung 1: Beantworten Sie die Fragen

a Was macht Frau Kubig in Wien?
b Gibt es viele Bauingenieurinnen?
c Wie lange arbeitet Herr Krause schon bei seiner Firma?
d Was stellt die Firma her?
e Warum fliegt er nach Budapest?
f Was wünscht er sich?
g Was macht beiden an ihren Berufen Spaß?

Übung 2: Wie heißt das im Text?

Finden Sie für die Wörter in *kursiv* die Ausdrücke im Text mit den gleichen Bedeutungen.

Beispiel: Machen Sie *Ferien*? – Machen sie **Urlaub**?

a eine Minderheit *sein* –
b etwas *produzieren* –
c bei einer Firma *angestellt* -
d *im Großen und Ganzen* -
e *glücklich* –

TIP 1: Linking sentences

It is important to know how to link sentences in German. Here are some useful words:

aber *but*	**sondern** *but*
denn *for, since, because*	**und** *and*
oder *or*	

These words, called conjunctions, are usually used to join sentences which could also stand on their own:

Er heißt Peter. Er arbeitet in Bonn. → Er heißt Peter **und** er arbeitet in Bonn

Petra kommt aus Köln. Sie lebt in L.A. → Petra kommt aus Köln, **aber** sie lebt in L.A.

Note when using these conjunctions the word order doesn't change, i.e. the verb in the second clause remains the second item in the clause.

As you might know, there is also another group of conjunctions in German which send the verb to the end. They include:

dass that
obwohl although

weil because
wenn when, whenever, if

Here are three examples:

Ich denke, dass Wien eine interessante Stadt ist.
Mir macht mein Job Spaß, obwohl ich oft lange arbeiten muss.
Ich lerne Deutsch, weil ich geschäftlich oft nach Berlin fahre.

*What about **wenn**? There are three examples in **Aufnahme 1**. Can you find them?*

Übung 3: Bilden Sie lange Sätze

Join the following sentences together by using **und**, **aber**, **oder**, **denn** or **sondern**.

a Frau Kubig kommt aus Stuttgart. Sie ist Bauingenieurin.
b Sie fährt nach Wien. Sie möchte einen Kongress besuchen.
c Herr Krause ist kein Ingenieur. Er ist leitender Angestellter.
d Seine Arbeit gefällt ihm. Er lernt viele neue Dinge.
e Er reist viel. Geschäftsreisen nehmen viel Zeit in Anspruch.
f Trinken Sie noch Kaffee? Brauchen Sie jetzt einen Schnaps?
g Machen Sie jetzt die nächste Übung? Möchten Sie eine Pause machen?

Übung 4: Herr Johnson lernt Deutsch. Warum eigentlich?

Schreiben Sie, warum Herr Johnson Deutsch lernt. Benutzen Sie **weil**.

Beispiel: Er braucht es für seinen Beruf.
Herr Johnson lernt Deutsch, weil er es für seinen Beruf braucht.

a Er ist geschäftlich oft in München.
b Er muss Verhandlungen auf Deutsch führen.
c Er möchte die *Süddeutsche Zeitung* lesen.
d Er trinkt gern Weine aus Rheinhessen.
e Seine Freundin kommt aus Berlin.

Und Sie? Warum lernen Sie Deutsch? Finden auch Sie sechs Gründe und schreiben Sie sie auf.

▶ Aufnahme 2

Was machst du jetzt für eine Arbeit?

Im folgenden Dialog begegnen sich Gerd und Heiko zum ersten Mal nach ihrer Studienzeit. Hören Sie den Dialog an und unterstreichen Sie die richtigen Antworten:

Übung 5

a Heiko unterrichtet im Moment
  Spanisch/Deutsch/Französisch als Fremdsprache.
b Seine Arbeit gefällt ihm im Allgemeinen gut/sehr gut/nicht.
c Das Einzige, was ihm nicht gefällt, ist die
  Bezahlung/Arbeitszeit/Arbeitsatmosphäre.
d Eigentlich möchte er Hauptschullehrer/Realschullehrer/
  Gymnasiallehrer werden.
e Gerd macht gerade seinen Zivildienst/seinen
  Militärdienst/eine Ausbildung.
f Seine Arbeit ist aufregend/anstrengend/langweilig.
g Er möchte als Soziologe/Sozialarbeiter/im Sozialamt
  arbeiten.

was für ein(e/n)	*what kind of* (coll.)
unterrichten	*to teach, instruct*
die Fremdsprache (-n)	*foreign language*
fleißig	*hard-working*
etwas nötig haben	*to need something*
die Bezahlung (-en)	*pay*
der/die Anwärter/-in (-/-nen)	*candidate (for a job)*

der Zivildienst	*community service*
körperlich/geistig behindert	*physically/mentally handicapped*
der Sozialarbeiter (-)/ die Sozialarbeiterin (-nen)	*social worker*
der Sozialpädagoge (-n)/ die Sozialpädagogin (-nen)	*person with a degree in social education*

Übung 6: Welche Antwort passt?

1 Lange nicht gesehen! Wie geht's dir?
  a Ihm geht's nicht so gut
  b Ich unterrichte Deutsch.
  c Gut, danke.

2 Und wie gefällt dir deine Arbeit?
  a Sie macht ihr viel Spaß.
  b Im Allgemeinen sehr gut.
  c Da sie es nötig haben, so schnell wie möglich die deutsche Sprache zu erlernen.

3 Und was machst du eigentlich zur Zeit?
  a Ich werde wohl ein bis zwei Jahre warten müssen.
  b Ich möchte Gymnasiallehrer für Deutsch und Englisch werden.
  c Ich mache gerade meinen Zivildienst.

4 Und was hast du danach vor?
  a Ich komme mir jedenfalls nützlicher vor.
  b Ich möchte Sozialarbeiter werden.
  c Ich wünsche dir viel Glück dabei.

ℹ Employment in Germany

In comparison to its British counterpart, the German manufacturing industry has been and remains strong. Other sectors such as health care, education and the caring professions also play an important role.

As in most industrialized societies, there has been a shift away from agriculture and, more recently, away from the traditional idea of a job for life towards a more flexible approach. Many new jobs have developed in the service sector and in areas of new technology, such as computing. However, unemployment remains a serious problem in Germany, particularly in the 'new *Länder*' of eastern Germany.

Männer	Frauen
1. Kaufmann im Einzelhandel	1. Kauffrau im Einzelhandel
2. Bürokaufmann	2. Arzthelferin
3. Maler und Lackierer	3. Friseurin
4. Kraftfahrzeugmechaniker	4. Mediengestalterin
5. Koch	5. Industriekauffrau
6. Elektroinstallateur	6. Zahnarzthelferin
7. IT-System-Elektroniker	7. Hotelfachfrau
8. Tischler	8. Verwaltungsangestellte
9. Gas- und Wasserinstallateur	9. Werbekauffrau
10. Fachinformatiker-Anwendungsentwicklung	10. Verkäuferin

The most popular jobs for men and women in Wiesbaden 2001/2.

▶ Übung 7: Sagen Sie's auf Deutsch!

Which German phrases were used in **Aufnahme 2** to say the following? Check your answers on the recording.

a Long time – no see!
b What kind of work are you doing at the moment?
c in general
d They need to ...
e if that is the case

TIP 2: **Job titles in German**
Female / Male forms

It is now common in German to give job titles in both the male and the female forms and not simply to subsume females under male job titles. Here are some examples:

Arzt – Ärztin *doctor;* Busfahrer – Busfahrerin *bus driver;* Manager – Managerin *manager;* Rechtsanwalt – Rechtsanwältin *solicitor.*

As you can see, **-in** is usually added for the female form and some words also require an umlaut.

There are only a few exceptions to this pattern. The most common are:

Krankenpfleger – Krankenschwester, Kaufmann – Kauffrau.

The words for civil servants and employees don't follow the usual pattern:

Beamter – Beamtin, Angestellter – Angestellte.

When a group of people is being referred to that contains both males and females, it is also common to use the feminine plural, but with a capital 'I', e.g. StudentInnen, KollegInnen.

Wir suchen ab sofort für unseren Spezialtiefbau einen/eine

Diplom-Bau-Ingenieur/in

als Bauleiter/in.

Sollten Sie an einer vielseitigen, interessanten und auch anspruchsvollen Tätigkeit interessiert sein, richten Sie bitte Ihre schriftliche und aussagefähigen Bewerbungsunterlagen an nachfolgende Adresse:

PENNING

Spezialtiefbau, Ringstraße, 59260 Frankfurt

▶ Aufnahme 3

Frau Andresen erzählt von ihrem Beruf

Frau Andresen ist Grafikdesignerin und berichtet über ihren Beruf. Hören Sie, was sie sagt, und beantworten Sie die Fragen.

Übung 8

a Wie ist ihre normale Arbeitszeit?
b Wie ist die Arbeitsatmosphäre?
c Was gefällt ihr an ihrem Job?
d Was mag sie nicht?
e Wie viel verdient sie?
f Was möchte sie in ein paar Jahren machen?

Lesen Sie dann den Text und überprüfen Sie Ihre Antworten.

Mein Name ist Claudia Andresen und ich arbeite als Grafikdesignerin bei einer PR-Firma. Ich fange morgens meistens so gegen neun Uhr an und mache dann um halb fünf, fünf Feierabend. Wenn wir wichtige Aufträge haben, dann arbeite ich natürlich auch mal länger, wenn es sein muss auch mal am Wochenende, aber im Allgemeinen ist das eigentlich selten.

Die Arbeitsatmosphäre ist generell sehr gut. Wir sind insgesamt fünf Grafikdesigner und -designerinnen und arbeiten sehr eng in einem Team zusammen. Da wir über viele Dinge ähnlich denken und alle Sinn für Humor haben, verstehen wir uns ganz gut.

Mir gefällt an meinem Job, dass ich sehr kreativ sein kann. Es ist eigentlich nie langweilig oder Routine, da wir immer an neuen Projekten arbeiten. Außerdem mag ich die Arbeit im Team sehr gern, das heißt, dass wir uns austauschen und über Ideen sprechen. Was mir nicht gefällt ist der Termindruck, unter dem wir oft arbeiten müssen. Wenn wir wichtige Deadlines haben – und die haben wir sehr oft – dann ist es schon sehr stressig.

Mit der Bezahlung bin ich sehr zufrieden. Ich verdiene etwa 3000,– Euro brutto im Monat. Bevor ich hier in der Firma angefangen habe, habe ich einige Jahre als Teilzeitkraft gearbeitet, ohne richtiges Urlaubsgeld, Weihnachtsgeld und ohne Kranken- und Rentenversicherung. Als Vollzeitkraft bekommt man das natürlich alles.

Mein Traum für die Zukunft ist es, mich in ein paar Jahren selbstständig zu machen und meine eigene Firma zu gründen. Dann habe ich noch mehr Verantwortung und vielleicht auch mehr Stress – aber das wäre eine gute Herausforderung für mich.

Übung 9: Wie heißt das auf Deutsch?

In the text are lots of useful words for talking about work and working conditions. Find German expressions and words for the following:

a (pressure of meeting) deadlines
b salary / pay
c part-time worker
d full-time worker
e holiday pay
f extra month's salary (at Christmas)
g pension scheme
h self-employed
i responsibility
j challenge

Übung 10

Lesen Sie den Text noch einmal und ergänzen Sie

a Claudia Andresen arbeitet in ...
b Die Arbeitsatmosphäre ...
c Ihre Kollegen haben alle Sinn ...
d Ihr Beruf ist nie ...

e Mit ihrer Bezahlung ist sie ...
f Was ihr nicht gefällt ist, wenn sie unter ...
g In der Zukunft möchte sie sich ...
h Das ist für sie eine ...

Grammatik

Conjunctions

In *TIP 1* you saw that there are two main groups of conjuctions, one that does not affect the word order and the other which sends the verb to the end.

Those in the first group are called **co-ordinating conjunctions** and those in the second group are called **subordinating conjunctions**.

If two sentences are joined together with a *subordinating conjunction* (such as **because** or **although**), one clause becomes the *main clause* (*Hauptsatz*) and the other the *subordinate clause* (*Nebensatz*):

Sentence 1: Er blieb zu Hause.
Sentence 2: Er war krank.

Er blieb zu Hause, weil er krank war.
main clause | **subordinate clause**

As you saw earlier, subordinating conjunctions have the effect of sending the finite verb to the end of the subordinate clause:

Main clause	*Subordinate clause*
Ich musste um 6 Uhr aufstehen,	**obwohl** ich sehr müde **war**.
Wir werden zu Hause bleiben,	**weil** es stark **regnet**.
Er ist immer allein,	**wenn** ich ihn **sehe**.

It is quite common for the subordinate clause to come before the main clause. When this happens, the main clause verb has to come at the beginning of the main clause:

Subordinate clause	*main clause*
Obwohl ich sehr müde war,	**musste** ich um 6 Uhr aufstehen.
Weil es stark regnet,	**werden** wir zu Hause bleiben.
Wenn ich ihn sehe,	**ist** er immer allein.

Here is a list of subordinating conjunctions which appear quite frequently in German:

als	*when* (with past tense)	**ob**	*whether*
bis	*until*	**obwohl**	*although*
damit	*so that*	**während**	*while*
dass	*that*	**wenn**	*when/if*
nachdem	*after*		

Note that there is always a comma between the main clause and the subordinate clause.

You may notice a tendency in colloquial German not always to put the finite verb at the end of the sentence or clause when using **weil**:

Ich konnte nicht kommen, weil ich arbeitete bis spät.

Commas

Commas are important in written German.

They are used to separate a main clause and a subordinate clause, as you can see in the following examples:

Obwohl wir sehr müde waren, mussten wir früh aufstehen.
Ich werde heute zu Hause bleiben, weil ich viel zu tun habe.

But avoid overusing commas. There is a temptation to put a comma after the introductory phrase in such sentences as:

Heute um 10 Uhr ist er nach München gefahren.

No comma is needed here, as there is no subordinate clause.

As a result of the spelling reform in Germany the use of a comma before **und** and **oder** is now less common. There should be no comma, even if **und** combines two main clauses:

Sie arbeitet als Designerin und ihre Firma liegt im Stadtzentrum.

Mehr Übungen

The Arbeitsamt acts as a job centre and also deals with claims for employment-related benefits.

1 Berufe

i In this unit you met a number of German job titles. Can you still remember the German words for *civil engineer, executive, employee* and *civil servant?*

ii Do you know what the following job titles are in English? If you are not sure, check in a dictionary.

Aktienhändler – Animateur – Apotheker – Architekt – Arzt – Bäcker – Bauarbeiter – Bibliothekar – Buchhändler – Dolmetscher – Elektriker – Fahrlehrer – Fernsehmoderator – Friseur – Gärtner – Goldschmied – Informatiker – Journalist – Juwelier – Klempner – Kellner – Koch – Krankenpfleger – Künstler – Landwirt – Lehrer – Makler – Metzger – Modedesigner – Psychologe – Rechtsanwalt – Reiseleiter – Richter – Schauspieler – Schriftsteller – Sekretär – Sozialarbeiter – Tierarzt – Übersetzer – Verkäufer – Werbetexter – Wirt – Zahnarzt.

You have probably realized that all job titles here are given in the masculine form. For the feminine form most simply add -**in**, but there are
a five words where an Umlaut is also needed,
b one which loses a final -e before adding the -**in** and
c two which are different.

Can you find them?

2 Und wer macht was?

Finden Sie die passenden Berufe.

Beispiel: sie schreibt Computerprogramme: *Informatikerin*

(**a**) sie schneidet Haare: _____; (**b**) sie behandelt Patienten: _____; (**c**) er repariert zum Beispiel Toiletten: _____; (**d**) sie unterrichtet Kinder: _____; (**e**) er bedient in einem Restaurant: _____; (**f**) sie verkauft zum Beispiel Aspirin: _____; (**g**) er übersetzt Texte: _____; (**h**) er arbeitet auf einem Bauernhof: _____; (**i**) sie berät Leute mit psychischen Problemen: _____; (**j**) sie handelt an der Börse: _____; (**k**) sie entwirft die Pläne für ein Gebäude:_____.

3 Was passt besser: Weil oder obwohl?

i Join the two sentences together by using **weil** or **obwohl**. Make any necessary changes to the word order.

Beispiel: Frau Kubig mag ihren Beruf. Sie kann viel reisen
Frau Kubig mag ihren Beruf, weil sie viel reisen kann.

a Herr Krause fliegt oft nach Budapest. Er hat dort geschäftlich zu tun.
b Claudia gefällt ihr Beruf. Sie muss oft unter Termindruck arbeiten.
c Sie arbeitet gern im Team. Ihre Kollegen haben alle Sinn für Humor.
d Sie möchte sich selbstständig machen. Das bedeutet mehr Stress.
e Claudia möchte eine eigene Firma gründen. Dies ist eine Herausforderung.

ii And now rewrite the sentences, by starting with the **weil** or **obwohl** clause.

Beispiel: *Weil sie viel reisen kann, mag Frau Kubig ihren Beruf.*

▶ 4 Und jetzt Sie!

You (Anna) meet an old friend, Anke, in town and exchange information about work. Complete the dialogue with the help of the English prompts.

Anke Hallo, Anna. Lange nicht gesehen! Sag mal, was bist du jetzt von Beruf?

Sie *Tell her that you are a building engineer, that you are generally satisfied with your occupation, that you especially like the travelling, but that one of the biggest problems is the lack of free time. Ask her what she is doing now.*

Anke Ich war fünf Jahre lang leitende Angestellte bei einer Kleiderfabrik, die aber leider nicht mehr konkurrenzfähig war. Deshalb bin ich im Moment arbeitslos.

Sie *You say that you imagine that to be very difficult. Ask her how she is coping, and what she intends to do.*

Anke Beim jetzigen Wirtschaftsklima ist es schwer, eine Stellung zu finden. Ich möchte deshalb einen Computer-Kurs machen, und hoffe, dass ich dann bessere Chancen habe.

Sie *You say that this is a good idea, and that currently a lot of jobs are offered which require knowledge in that field. Wish her good luck.*

Anke Vielen Dank!

Lesetext

Ein Lebenslauf

1 Overleaf is an example of a German CV.

Can you work out what the terms **Persönliche Daten, Schulausbildung, Hochschulausbildung, Praktika, Berufspraxis, besondere Kenntnisse, EDV** would be in an English CV?

2 **Richtig oder falsch?** Study the CV in more detail and answer the questions:
   a Wo verbrachte Maria ihre Kindheit?
   b Wann machte sie ihr Abitur?
   c Wie lange studierte sie?
   d Wo arbeitete sie nach ihrem Studienabschluss?
   e In was für einer Position arbeitet sie im Moment?

Congratulations!

You have now finished Unit 4. Before you move on to the next unit, check your progress in the **Self-assessment test** we have designed for you on page 175.

Lebenslauf

Persönliche Daten:	Schrader, Maria
	Berndstr. 7
	24310 Hamburg
	Tel.: 030/4567352
	geb. am 1.04.1975 in München
	verheiratet, 1 Kind

Schulausbildung:

1981 – 1985	Grundschule München
1985 – 1994	Schiller-Gymnasium München
	Abschluss: Abitur

Hochschulausbildung:

10/1994 – 6/2000	Universität Hamburg
	Studium der Psychologie
	Schwerpunkt: Angewandte Psychologie

Praktika:

1996	Personalabteilung Springer und Jocoby
1998	Marketingabteilung Otto-Versand

Berufspraxis:

9/00 – 7/02	Personalberaterin bei Unilever
7/02 – 6/04	Stellvertretende Referentin der
	Personalabteilung
seit 7/04	Referentin für Personalfortbildung bei
	Hapag-Lloyd

Besondere Kenntnisse:

EDV	Textverarbeitung (Word for Windows)
	Tabellenkalkulation (Excel)
Fremdsprachen	Englisch sehr gut
	Französisch sehr gut

Hamburg,
17.1. 2...

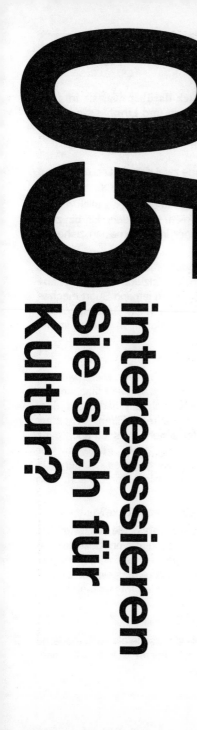

05
interesssieren Sie sich für Kultur?

In this unit you will learn how to
- talk about your interests, likes and dislikes
- discuss different ways of spending your free time

- apply verbs + prepositions
- form infinitive clauses

▶ Aufnahme 1

Marion, der Kulturmensch

Marion und Cornelia unterhalten sich darüber, was sie in ihrer Freizeit machen und was ihre Interessen und Hobbys sind.

Hören Sie den Dialog an und beantworten Sie dann die Fragen in **Übung 1**.

Marion   Übrigens, Cornelia, ich habe zwei Karten für die Oper am Samstagabend. Hast du nicht Lust mitzukommen?

Cornelia   Das ist ja sehr nett von dir, Marion, aber ehrlich gesagt interessiert mich die Oper nicht besonders. Ich bin zwar schon kulturinteressiert, aber im Allgemeinen ziehe ich sportliche Aktivitäten vor.

Marion   Ach, komm, du musst doch auch mal was anderes sehen als immer nur den Sportplatz! Ich meine, ich habe natürlich Verständnis dafür, wenn jemand Sport machen will, aber ich persönlich kann mich dafür gar nicht begeistern. Sport hat mich eigentlich schon immer gelangweilt.

Cornelia   Und was sind deine Vorlieben?

Marion   Nun ja, ich interessiere mich eben für alles, was mit Kultur zu tun hat – in einer Großstadt wie München gibt es da ja alle Möglichkeiten. Ich bin gerne auf dem Laufenden, was die neuesten Filme, Theaterproduktionen und so weiter angeht. Was ich auch ganz toll finde ist, dass hier so viele Filme in der Originalsprache mit Untertiteln gegeben werden. Da kann ich wenigstens auch meine Sprachkenntnisse aufpolieren!

Cornelia   Und magst du nur moderne Theaterstücke?

Marion   Selbstverständlich schätze ich auch die Klassiker wie Goethe und Schiller. Abgesehen davon besuche ich auch regelmäßig Ausstellungen – letzten Sonntag war ich in der großen Impressionisten-Ausstellung, einfach fantastisch. Hier wird ja so viel Interessantes und Aufregendes geboten!

Cornelia   Interessierst du dich auch für Musik?

Marion   Sicherlich! Ich mag sowohl klassische als auch moderne Musik. Letzten Monat war ich erst wieder auf einem Konzert von Herbert Grönemeyer.

Übung 1: Richtig oder falsch?

Korrigieren Sie die falschen Aussagen.

a Marion möchte mit Cornelia in die Oper gehen.
b Cornelia ist kulturinteressiert, treibt aber lieber Sport.
c Marion interessiert sich auch für Sport.
d Sie sagt, dass man in München nicht viel machen kann.
e Sie sieht gern Filme in der Originalsprache.
f Marion interessiert sich für Theater, aber besucht selten Ausstellungen.

sich begeistern für	*to be enthusiastic about*
die Vorliebe (-n)	*preference*
auf dem Laufenden sein	*to be informed, up to date*
angehen (sep.)	*to concern*
der Untertitel (-)	*subtitle*
aufpolieren (sep.)	*to brush up*
schätzen	here: *to appreciate*

Übung 2: Vorlieben und Abneigungen

In **Aufnahme 1** there are a number of commonly used expressions of *preferences* and *dislikes*. Read through the text again and find the German expressions for:

a I am interested in everything that …
b What I find great is …
c I appreciate the classics like …
d In general I prefer …
e That doesn't interest me.
f Sport has always bored me.

***TIP 1*: Verbs and prepositions**

Many German verbs, like English verbs, are followed by a preposition. It is important to learn these verbs together with their preposition, as the German and English are often different:

I wait **for** the bus → Ich warte **auf** den Bus.
I am interested **in** music → Ich interessiere mich **für** Musik.

Here are some useful examples:

sich ärgern über	*to be annoyed about*
sich erinnern an	*to remember*
sich freuen auf	*to look forward to*
sich freuen über	*to be pleased about*

glauben an	to believe in
träumen von	to dream of

You might have noticed that many of the verbs are reflexive, i.e. they include **sich**, **mich**, **uns** etc., the reflexive pronouns. For example, if you want to say I am looking forward to the holiday:

> Ich freue **mich** auf den Urlaub.

For more details see the grammar section of this unit.

Most of these prepositions are followed by the accusative case, but prepositions which normally take the dative do so in this instance, too:

> Wir unterhielten uns lange mit der Sängerin.
> Ich habe heute Nacht von dem Konzert geträumt.

Note that in a negative statement **nicht** comes after the verb and the reflexive pronoun (if there is one) and before the preposition:

> Sie glaubt **nicht** an Ufos.
> Er interessiert sich **nicht** für moderne Musik.

Übung 3: Welche Sätzteile passen zusammen?

a	Frau Beitz interessiert sich sehr	i	mit ihren Kollegen.
b	Birgit bewirbt sich	ii	an das letzte Gespräch.
c	Er erinnerte sich	iii	von einer eigenen Firma.
d	Herr Krause freut sich	iv	über ihre Reiseziele.
e	Er und Frau Kubig unterhalten sich	v	auf seine Familie.
f	Claudia Andresen versteht sich gut	vi	für Politik.
g	Sie spricht mit ihnen	vii	um eine Banklehre.
h	Claudia träumt	viii	über ihr neues Projekt.

Übung 4: Welche Verben brauchen welche Präpositionen?

a	sich interessieren: *für*	d	sich bewerben: ___
b	sich erinnern: ___	e	sich unterhalten: ___
c	denken: ___	f	sich verstehen: ___

g sprechen: ___   **i** warten: ___
h träumen: ___

Note that **sich unterhalten** and **sprechen** can have two prepositions: **mit** when you speak directly to a person and **über** when you speak about someone or something. Also, **denken** can be followed by **an** + acc. when it means *to think of* or by **über** + acc. when it means *to think about*.

Übung 5: Wie heißen die Fragen?

When asked her opinion on various matters, this is what Frau Andresen said. But what were the questions? Find an appropriate question for each answer.

Beispiel: Nein, ich interessiere mich nicht für Fußball. Fußball finde ich langweilig.
→ *Interessieren Sie sich (eigentlich) für Fußball?*

a Ja, ich ärgere mich über das Wetter. Das ist schrecklich.
b Ja, ich verstehe mich gut mit meinen Kollegen. Sie sind alle sehr nett.
c Ufos? Nein, ich glaube nicht an Ufos. Das ist doch Quatsch.
d Ja, ich interessiere mich sehr für Kunst, besonders schätze ich abstrakte Malerei.
e Nein, für Techno-Musik kann ich mich nicht begeistern. Sie ist viel zu laut.
f Ja, ich freue mich auf die Ferien. Da fahre ich nach Mallorca.

After you have found the questions, go through them and this time answer for yourself. Give a reason for your opinion.

▶ Aufnahme 2

Pläne für den Sommer

Sebastian und Jochen unterhalten sich darüber, was sie in den Sommerferien machen wollen. Hören Sie den Dialog an und unterstreichen Sie die richtigen Antworten.

Übung 6

a Sebastian will einen Flugschein/Führerschein/Waffenschein machen.
b Jochen möchte seinen zweiten/dritten/vierten Tanzkurs machen.

c Danach möchte er auf Turnieren/Wettkämpfen/Tanzabenden tanzen.

d Außer Tanzen singt/segelt/schwimmt er noch in seiner Freizeit.

e Er sagt, es ist eine gute Gelegenheit, neue Menschen/Leute/Personen kennen zu lernen.

f Sebastian meint, es würde ihm nicht gefallen, so eingebunden/gebunden zu sein.

g Er zieht es vor, seine Freizeit individuell/frei/flexibel zu gestalten.

der Führerschein (-e)	*driving licence*
die Fahrschule (-n)	*driving school*
anmelden (sep.)	*to register, enrol*
der Deckel (-)	here coll. for: *driving licence*
die Hochzeit (-en)	*wedding*
eingebunden	*tied*

Übung 7: Welche Antwort passt?

1 Also, was hast du eigentlich so geplant?
  a Sie werden im Sommer nach Griechenland fahren.
  b Ich werde meinen Führerschein anfangen.
  c Das ist übrigens dem Peter passiert.

2 Wie viele Stunden brauchst du denn?
  a Heute Abend um 7 Uhr.
  b Es fängt am Sonntag an.
  c Na ja, 20 ist so der Durchschnitt.

3 Hast du denn eine Partnerin für den Kurs?
  a Ja, du kennst doch die Sybille, oder?
  b Vielleicht den Marco.
  c Ja, den Kurs mache ich alleine.

4 Da muss man doch ziemlich oft trainieren, oder?
  a Nein! Das glaube ich dir nicht.
  b Ach, aber außer dem Tanzen mache ich eigentlich nichts weiter.
  c Aber das wäre mir ehrlich gesagt zu viel.

TIP 2: **Infinitive with *zu***

In German there are a number of expressions, often useful when talking about hobbies, leisure time etc., which require **zu** + infinitive:

Ist es teuer, in die Oper zu gehen?	*Is it expensive to go to the opera?*
Er hat keine Zeit zu kommen.	*He doesn't have the time to come.*

As you can see, the **zu** + infinitive go to the end of the sentence or clause. The second part of this sentence also needs to be separated from the main clause by a comma, unless it consists only of **zu** + infinitive, as in the second example.

Verbs that often need **zu** + infinitive are: **aufhören** *to stop,* **hoffen** *to hope,* **vorziehen** *to prefer,* **versuchen** *to try.*

Many expressions which consist of a **verb + adjective** are often followed by an infinitive + **zu**:

Es ist möglich, …	*It is possible …*
Es ist wichtig, …	*It is important …*

The same applies to expressions which consists of a **verb + noun**:

Ich habe (keine) Lust …	*I (don't) fancy …*
Es macht Spaß …	*It is fun …*

There are four examples of infinitives + zu in exercises 6 and 7. Can you find them?

For more information, see also the grammar section.

Übung 8

Complete the answers to the following questions by using a **zu** + infinitive construction.

Beispiel: Fährst du im Sommer nach Griechenland? Ja, ich hoffe, …

Ja, ich hoffe, im Sommer nach Griechenland zu fahren.

a   Geht ihr heute Abend in die Disco? Nein, wir haben keine Lust, …

b   Willst du eigentlich bald deinen Führerschein machen? Ja, ich habe vor, …

c   Kann man dort auch ein Bier trinken? Nein, dort ist es nicht möglich, …

d   Geht ihr nachher noch ins Restaurant? Ja, wir haben Lust, …

e   Bekommt man noch Karten für das Konzert? Nein, es ist unmöglich, …

f   Möchtest du lieber deine Freizeit selbst gestalten? Ja, ich ziehe es vor, …

▶ Aufnahme 3

Helga and Peter Schneider unterhalten sich mit Birgit über ihre Hobbys und was man in der Freizeit machen kann. Hören Sie den Dialog an und entscheiden Sie, ob die folgenden Aussagen richtig oder falsch sind.

Hier sind einige Schlüsselwörter:

der Kegelclub (-s)	*bowling club*
etwas ausfallen lassen	*to skip something, give something a miss*
sich ausschließen	*to exclude oneself, not to take part in something*
gesellig	*sociable*

Übung 9

	R	F
a Birgit und Alex geben in zwei Wochen eine große Party.	☐	☐
b Helga und Birgit bekommen Besuch von Keglern aus England.	☐	☐
c Weil sie in einem Club sind, können sie sich nicht ausschließen.	☐	☐
d Helga gefällt es besonders, dass man beim Kegeln die gleichen Leute trifft.	☐	☐
e Birgit sagt, sie braucht Zeit für sich selber.	☐	☐
f Helga und Peter haben noch nie eine Städtereise mit dem Club unternommen.	☐	☐

Lesen Sie dann den Text und überprüfen Sie Ihre Antworten.

Birgit Hallo, ihr beiden. Habt ihr nächstes Wochenende schon was vor? Alex und ich geben eine große Party.

Helga Toll, da kommen wir gern, nicht wahr, Peter?

Peter Vielen Dank für die Einladung, Birgit, aber nächstes Wochenende sind Helga und ich mit dem Kegelclub in England, in unserer Partnerstadt. Hast du das etwa vergessen, Helga?

Birgit Könnt ihr das denn nicht mal ausfallen lassen? Wir haben doch so lange schon nicht mehr zusammen gefeiert.

Helga Ich weiß, Birgit. So ein Pech! Es tut uns ja auch wirklich Leid, aber das ist schon seit Wochen geplant. Und du weißt ja, wie das ist in so einem Club – da kann man sich schlecht ausschließen, wenn solche Veranstaltungen organisiert werden. Das sagt uns auch nicht immer zu.

Birgit	Habt ihr denn nie daran gedacht, auszutreten? Also, ich hätte davon schon längst genug. Da kann man sich ja gar nichts anderes mehr vornehmen außer Kegeln.
Peter	Das ist eigentlich das Einzige, was uns beiden nicht so gut gefällt. Aber es hat auch unheimlich viele Vorteile.
Helga	Ja, das stimmt. Ich mag ganz besonders die gesellige Seite. Kegeln ist immer lustig und man trifft öfters neue Leute, besonders wenn man auf Turniere geht.
Birgit	Was, auf Turniere geht ihr auch noch? Da ist doch bestimmt eure ganze Freizeit verplant. Das wäre ganz und gar nicht nach meinem Geschmack. Ich habe gerne auch mal Zeit für mich selbst. So sehr eingebunden zu sein, würde mir überhaupt nicht gefallen.
Peter	Aber du darfst auch nicht vergessen, dass der Club viele interessante Unternehmungen organisiert, die uns beiden doch viel Spaß machen. Denk doch nur mal an die Städtereisen, die wir schon unternommen haben – und schließlich ist es ja auch eine sportliche Betätigung, die man bis ins hohe Alter betreiben kann.

die Partnerstadt ("-e)	twin town
sich etwas vornehmen (sep.)	to plan something
das sagt uns nicht zu	that is not to our liking
austreten (sep.) **aus** (+ dat.)	to leave (a club, society, etc.)
das Turnier (-e)	tournament
von etwas genug haben	to have enough of something
verplanen	to book out completely, to plan every minute
Das wäre nicht nach meinem Geschmack.	That would not be to my taste.
die Betätigung (-en)	activity
betreiben	to do (esp. sport)

Übung 10: Positiv und negativ...

Lesen Sie den Text noch einmal und ergänzen Sie die folgenden (i) vier positiven und (ii) vier negativen Aussagen.

i

a Es hat auch unheimlich ...

b Ich _____ _____ _____ die gesellige Seite.

c Ich habe _____ _____ _____ Zeit für mich.

d Der Club organisiert viele Unternehmungen, die ...

ii
a Also, ich hätte davon schon …
b Das ist das einzige, was …
c Das wäre ganz und gar nicht nach …
d So eingebunden zu sein, würde …

▶ Übung 11: Sagen Sie's auf Deutsch!

a Have you made any plans for the coming weekend?
b Splendid, we'd love to come.
c Can't you skip that for once?
d What a pity!
e That is not always to our liking.
f Well, I would long ago have had enough of that.
g That would not be at all to my taste.

Grammatik

Verbs and prepositions

In *TIP 1* you were introduced to verbs that are followed by a preposition. Here is a list of the most common ones:

an	denken an	*to think of/about*
	sich erinnern an	*to remember*
	glauben an	*to believe in*
	schreiben an	*to write to*
auf	sich freuen auf	*to look forward to*
	warten auf	*to wait for*
bei	sich entschuldigen bei	*to say sorry to*
für	sich entschuldigen für	*to say sorry for*
	sich interessieren für	*to be interested in*
	sich begeistern für	*to be enthusiastic about*
mit	aufhören mit	*to stop sth.*
	sprechen mit	*to talk to*
	telefonieren mit	*to phone*
nach	fragen nach	*to ask about*
	suchen nach	*to look for*
über	sich ärgern über	*to get annoyed about*
	sich freuen über	*to be pleased about*
	sprechen über	*to talk about*
um	sich bewerben um	*to apply for*
von	träumen von	*to dream of, about*

Note that prepositions such as **an, auf** and **über,** which can take either the accusative or the dative, usually take the accusative in a verb + preposition expression:

Ich schreibe an meinen Bruder.   *I'm writing to my brother.*

As you might have noticed, some verbs also go with more than one preposition and change their meaning depending on the preposition used:

Ich freue mich auf den Film.   *I'm looking forward to the film.*

Ich freue mich über mein Geschenk.   *I'm pleased about my present.*

Verbs can also take more than one preposition at a time:

Ich habe **mit** Herrn Schmidt **über** das Theaterstück gesprochen.

EXTRA TIP 1: Reflexive pronouns

You probably noticed that many of the verbs taking a preposition are reflexive. Here is a short reminder of how the reflexive pronouns – the equivalents of *myself, yourself, him/herself,* etc. – go in German:

ich freue **mich** du freust **dich** Sie freuen **sich** er/sie/es freut **sich** wir freuen **uns** ihr freut **euch** Sie freuen **sich** sie freuen **sich**

EXTRA TIP 2: Prepositional pronouns

If you reply to a question in which a *verb + preposition* is used, you don't have to repeat the whole phrase. Look at the examples:

Hat er **nach** deinem Namen gefragt? *Nein, er hat nicht **danach** gefragt.*

Interessierst du dich **für** Sport? *Nein, ich interessiere mich nicht **dafür**.*

Note that you can put **da(r)-** in front of most prepositions when you want to say *in it, on it, about it,* etc. and replace the noun with a so-called prepositional pronoun:

Erinnerst du dich **an** dieses Buch? *Ja, ich erinnere mich sehr gut **daran**.*

Ärgerst du dich **über** moderne Musik? *Nein, ich ärgere mich nicht **darüber**.*

The prepositional pronoun can in most cases also go at the beginning of a phrase:

Hat er nach deinem Namen gefragt? *Nein,* **danach** *hat er nicht gefragt.*

zu + infinitive clauses

As already explained in *TIP 2*, **zu** is often needed to create an infinitive clause, as in **Ich versuche, noch Karten zu bekommen.**

Apart from a number of verbs, many expressions which consist of a **verb + noun** or a **verb + adjective** are often followed by an infinitive + **zu**. Especially the phrases **Ich habe ...** and **Es ist ...** indicate the use of a **zu** + infinitive clause:

Ich habe große Lust, einen Tanzkurs zu machen.
Es ist Zeit, nach Hause zu gehen.
Es ist verrückt, so viel Sport zu treiben.
Ist es nicht langweilig, den gleichen Film noch einmal zu sehen?

Note also the very useful German expression **um ... zu ...** *in order to*, in which the **zu** + infinitive construction is used:

Sie treibt viel Sport, **um** fit **zu** bleiben.
She is doing a lot of sport (in order) to stay fit.

Ich fliege nach Budapest, **um** Verhandlungen mit einer ungarischen Firma **zu** führen.
I'm flying to Budapest (in order) to conduct negotiations with a Hungarian firm.

As you can see, **um** goes at the beginning of the clause and the **zu** + infinitive at the end.

Mehr Übungen

1 *Dafür, daran,* etc.

Answer these questions, using the prompts in brackets to help you. After either 'Ja' or 'Nein' you should start your answer with the appropriate combination of **da(r)** + preposition.

Beispiele: Interessieren Sie sich für Fußball? (Nein – gar nicht)
　　　　　Nein, dafür interessiere ich mich gar nicht.
　　　　　Erinnerst du dich an meine 18. Geburtstagsparty? (Ja – sehr gut!)
　　　　　Ja, daran erinnere ich mich sehr gut!

a Freust du dich auf deinen Urlaub in Spanien? (Ja – sehr)
b Erinnern Sie sich an meine erste Ausstellung? (Nein – leider nicht)
c Bewerben Sie sich um die Stelle? (Ja – bestimmt)
d Ärgerst du dich über das englische Wetter? (Nein – überhaupt nicht)
e Interessierst du dich für Musik? (Ja – ungeheuer)
f Hast du dich nicht über deine Geschenke gefreut? (Nein – ganz und gar nicht!)

2 Was kann man auch sagen?

Welche Ausdrücke haben eine ähnliche Bedeutung?

a Ich bin kulturinteressiert.

b Das hat mich schon immer gelangweilt.

c Das würde mir nicht gefallen.

d Ich bin gern auf dem Laufenden.

e Das schätze ich sehr.

f Das ist das Einzige, was uns nicht gefällt.

g Ich habe kein Verständnis dafür.

i Ich weiß gern, was so passiert.

ii Das ist eine Sache, die wir nicht mögen.

iii Das verstehe ich nicht.

iv Ich interessiere mich für Kultur.

v Das mag ich nicht.

vi Das fand ich schon immer langweilig.

vii Das ist mir viel wert.

▶ 3 Und jetzt Sie!

Übernehmen Sie die folgende Rolle und sprechen Sie mit Hilfe der englischen Hinweise über Ihre Freizeitaktivitäten. Benutzen Sie die Vokabeln, die in dieser Lektion vorgekommen sind. Die Antworten hören Sie auf der Audioaufnahme.

Markus Was machst du denn gerne in deiner Freizeit?

Sie *Tell him that you have been swimming for a club for eight years, and that you are also a member of a bowling club.*

Markus So viel Sport – das wäre ganz und gar nicht nach meinem Geschmack! Da ist doch bestimmt deine ganze Freizeit verplant!

Sie *Tell him that sometimes you think that it is a little bit too much. However, you think it has a lot of advantages.*

Markus Was gefällt dir denn so gut daran?

Sie *Tell him that you meet a lot of people, you keep fit and you get to see a lot of new places when going to tournaments with the clubs.*

Markus	Interessierst du dich denn gar nicht für Kultur?
Sie	*Tell him that you are interested in culture, but that you prefer sports.*
Markus	Magst du denn zum Beispiel klassische Musik oder Malerei?
Sie	*Tell him that, quite honestly, you prefer modern music, and that you also like to go to the cinema.*
Markus	Naja, jeder nach seinem Geschmack!

Lesetexte

Eine Stadt mit viel Kultur

München – Weltstadt mit Herz

Sie gilt als die Weltstadt mit Herz und nach einer Umfrage der Zeitschrift *Focus* ist sie die Stadt, in der die meisten Deutschen leben möchten: München, mit mehr als 1,2 Millionen Einwohnern die drittgrößte Stadt Deutschlands. Ein Ort zum Wohlfühlen, der viel Lebensqualität bietet – Alpenblick, Biergärten, große Seen in unmittelbarer Nähe, elegante Shopping-Boutiquen. Der Nachteil: neben Düsseldorf hat München die höchsten Miet- und Immobilienpreise der Bundesrepublik – ein Quadratmeter kostet mehr als € 8,70.

Wirtschaftlich ist München ein Renner: Heimatstadt für BMW, Siemens, viele Banken, Versicherungen, Modefirmen und Brauereien. Täglich pendeln 240 000 Menschen. Und auch für

Bücher ist München von Bedeutung: Nach New York ist es die zweitgrößte Verlagsstadt der Welt.

Kein Wunder, dass München viele Touristen anlockt: 50 Millionen Tagesbesucher und drei bis vier Millionen Übernachtungen hat die Stadt pro Jahr. Viele kommen auch wegen des kulturellen Angebotes: 50 Museen und 73 Theater bietet die Stadt. Ein Tipp: Das Deutsche Museum, das jährlich von einer Millionen Menschen besucht wird.

Andere Attraktionen sind der Englische Garten, einer der größten städtischen Gärten und die Bavaria-Filmstudios, wo unter anderem der Film *Das Boot* gedreht wurde. Und nicht zuletzt das Oktoberfest, das größte Bierfest der Welt.

die Umfrage (-n)	*survey*
ein Ort zum Wohlfühlen	*a place to feel at home in*
der Nachteil (-e)	*disadvantage*
der Renner (-)	*hit*
pendeln	*to commute*
die Bedeutung (-en)	*importance, significance*
der Verlag (-e)	*publishing company*
anlocken (sep.)	*to attract*
austragen (sep.)	*to fight out*

1 Sind die folgenden Aussagen richtig oder falsch? Korrigieren Sie die falschen Aussagen.

a München ist die beliebteste Stadt in Deutschland.
b Sie ist die zweitgrößte Stadt der Bundesrepublik.
c Ökonomisch hat München Probleme.
d Jährlich kommen vier Millionen Besucher nach München.
e Das Oktoberfest ist das größte Bierfest der Welt.

2 Can you say in English what the following figures refer to?

a 8,70
b 50
c 73
d 240 000
e 1,2 Million
f 3–4 Millionen
g 50 Millionen

06 und wie ist Ihre Meinung?

In this unit you will learn how to
- talk about health matters and sport
- ask for and express opinions
- agree and disagree

- use modal verbs
- apply the genitive case

▶ Aufnahme 1

Rauchen – Pro und Contra

Elke und Jochen diskutieren über ein Rauchverbot in der Öffentlichkeit. Hören Sie den Dialog an und machen Sie dann die folgenden Übungen.

Elke   Bist du der Meinung, dass das Rauchen in der Öffentlichkeit verboten werden sollte?

Jochen   Ganz und gar nicht! Ich finde, die Antiraucherfanatiker sind schon zu weit gegangen mit ihren neurotischen Forderungen.

Elke   Was hältst du also von dem Argument, dass jeder das Recht haben sollte, reine Luft zu atmen?

Jochen   Das ist ja ein Witz! Ich als Radfahrer muss die ganzen Abgase von den vielen Autos einatmen. Wo bleibt denn da mein Recht auf reine Luft?

Elke   Da ist bestimmt 'was dran. Aber es gibt nur noch ein Unrecht mehr, wenn man sowohl Zigarettenrauch als auch Autoabgase atmen muss.

Jochen   Das ist mir egal. Solange die Autofahrer meine Luft verpesten, bestehe ich auf meinem Recht, auch in der Öffentlichkeit zu rauchen.

Elke   Und machst du dir um deine Gesundheit keine Sorgen?

Jochen   Nee, eigentlich nicht. Mir macht das Rauchen unheimlich viel Spaß.

ganz und gar nicht	*not at all*
die Forderung (-en)	*demand*
rein	*pure, clean*
das Abgas (usually pl. **die Abgase**)	*exhaust fumes*
das Recht auf	*the right (to)*
Da ist bestimmt 'was dran.	*There's certainly something in that.*
Es gibt nur noch ein Unrecht mehr.	*Two wrongs don't make a right.*
verpesten	*to pollute, foul up*
sich Sorgen machen um	*to worry about*

Übung 1: Richtig oder falsch?

Korrigieren Sie die falschen Aussagen.

a Elke fragt, ob das Rauchen in der Öffentlichkeit verboten werden sollte.

b Jochen denkt, dass die Forderungen der Antiraucher richtig sind.

c Er selber ist auch Nichtraucher.

d Über die Autofahrer beschwert er sich aber nicht.

e Elke sagt, es ist nicht richtig, wenn man Zigarettenrauch und Abgase einatmet.

f Jochen macht sich große Sorgen um seine Gesundheit.

▶ Übung 2: Sagen Sie's auf Deutsch!

Can you say these sentences in German? They all appeared in the recording.

a Not at all!

b You must be joking!

c There may well be something in that.

d I don't care.

e I really enjoy smoking.

TIP 1: Asking and expressing opinions in German

Wie ist Ihre Meinung über die EU?

Ich meine, dass es eine gute Idee ist.

Was denken Sie über die EU?

Ich bin der Ansicht, dass es zu viel Bürokratie gibt.

In German there are a number of ways of asking for and expressing opinions. Some of them you probably already know. Here are the most common ones:

Wie finden Sie ... ? *What do you think of ... ?*
Was denken Sie über (+ acc.) ... ? *What do you think about ... ?*

Was halten Sie von (+ dat.) ... ?	*What do you think of ... ?*
Wie ist Ihre Meinung/ Ansicht über ... ?	*What's your opinion/view on ... ?*
Sind Sie der Meinung/Ansicht, dass ... ?	*Are you of the opinion/view that ... ?*

Note that you could of course use the **du** *form for the questions, e.g.* Wie findest du ...? Wie ist deine Meinung über ... ?

Ich finde, ... / Ich denke, ... / Ich meine, ...	*I think ...*
Ich bin der Meinung/Ansicht, dass ...	*I am of the opinion / view that ...*
Meiner Meinung/Ansicht nach ...	*In my opinion ...*

Note the gradual increase in formality for both the questions and the answers.

Some commonly used phrases to express agreement or disagreement are:

Das stimmt.	Das stimmt nicht.
Da haben Sie Recht.	Da haben Sie Unrecht.
Da bin ich (ganz) Ihrer Meinung.	Da bin ich (ganz) anderer Meinung.
Da stimme ich mit Ihnen überein.	Da muss ich widersprechen.

In **Aufnahme 1** *there are also some examples of more emotional responses to opinions, e.g.* Das ist ein Witz! (*You must be joking*)*. There are two more. Can you find them?*

Note these other commonly used expressions:
So ein Quatsch! *What rubbish!* Was für ein Blödsinn! *What nonsense!*

Übung 3: Sagen Sie es höflicher!

Find a more polite way to express the responses given to the following statements. There is often more than one possible answer.

Beispiel: A: Rauchen sollte verboten werden.
　　　　　　B: Das ist vielleicht ein Witz!
　　　　　　Da bin ich anderer Meinung!/Da muss ich widersprechen!

a A: Autoabgase sind auch sehr gefährlich.
   B: Da hast du Recht.
b A: Man sollte weniger mit dem Auto fahren.
   B: Da ist bestimmt 'was dran.
c A: Wir sollten alle mit dem Fahrrad zur Arbeit fahren.
   B: Das ist ja Quatsch!
d A: Ich finde, du gehst zu weit mit deinen Forderungen.
   B: Ach was! Ganz und gar nicht.
e A: Aber Rauchen ist doch ungesund, findest du nicht?
   B: Das stimmt leider.
f A: Jeder sollte das Recht auf reine Luft haben.
   B: Da hast du sicher Recht.

Übung 4: Was fehlt hier?

Ergänzen Sie die folgenden Fragen.

a _____ findest du eigentlich Deutsch?
b _____ denkst du _____ d_____ Politik der Regierung?
c Was halten Sie _____ d_____ Idee, mehr Sport zu treiben?
d _____ Sie _____ Meinung, dass Sie gesund leben?
e Stimmen Sie mit mir _____ _____, dass es schwer ist, das
  Rauchen aufzugeben?
f _____ ist _____ An_____ über ein Rauchverbot in der
  Öffentlichkeit?

Und wie ist Ihre Meinung? Try to find an answer for each
question.

MIR STINKT'S!

Ihnen auch? – Dann ist es Zeit mit dem RAUCHEN aufzuhören.
Ihr Entschluss NICHTRAUCHER zu werden braucht einen
verlässlichen PARTNER. **NICOBREVIN N** unterstützt zweifach:
Medikamentös und durch Selbstkontrolle. **NICOBREVIN N**
Kapseln enthalten kein Nikotin. Rezeptfrei in allen Apotheken –
auch in Österreich und in der Schweiz. Empf. Preis für die
4-Wochen-Kur € 20,-. Nicht teurer als 1 Woche Rauchen.
N i c o b r e v i n   N   g e g e n   d a s   R a u c h e n .
INTER-BREVIPHARM GMBH, Postfach 1708, 6380 Bad Homburg v.d.H.

▶ Aufnahme 2

Sind Sie für oder gegen ein Rauchverbot?

Übung 5

Frau Merk sagt, was ihre Meinung über das Rauchen ist.

Hören Sie den Dialog an und unterstreichen Sie die richtigen Antworten.

a Frau Merk ist für/gegen ein Rauchverbot in Restaurants und Gaststätten.

b Sie findet es eine Vermutung/Verachtung/Zumutung, wenn andere Gäste rauchen.

c Viele Gäste wollen sich beim Rauchen erholen/entspannen/erregen.

d Sie ist der Meinung, Rauchen hat eine positive/neutrale/negative Einwirkung.

e Ihrer Ansicht nach sind manche Menschen anfällig/allergisch/immun gegen Rauch.

f Sie sagt, die Zahl der Restaurants mit Rauchverbot sinkt/stagniert/wächst.

sich aussprechen für	*to speak in favour of*
die Zumutung (-en)	*imposition, unreasonable demand*
die Einwirkung auf	*effect on*
ehrlich	*honestly*
meines Erachtens	*in my estimation*
(nicht) zu viel verlangt	*(not) asking too much*
eine Zeit lang	*for a while*
die Mehrheit (-en)	*majority*
die Zwischenzeit (-en)	*meantime*

Übung 6: Welche Satzteile passen zusammen?

Verbinden Sie die Satzteile **a–f** und **i–vi**, die am besten zusammenpassen. Hören Sie dann die Aufnahme noch einmal an oder lesen Sie die Transkription und überprüfen Sie Ihre Antworten.

a Viele Gäste möchten rauchen,

i dass ihr Rauchen eine negative Einwirkung hat.

b Es ist eine Zumutung,

ii die allergisch sind gegen Zigarettenrauch.

c Solche Leute vergessen meistens,
d Es gibt ja Menschen,
e Aber ich sehe auch ein,
f Es wächst die Zahl der Restaurants,

iii dass es noch eine Zeit lang dauern wird.
iv die das Rauchen total oder zum Teil verbieten.
v wenn sie sich bei Wein oder Kaffee entspannen.
vi wenn ich beim Essen durch das Rauchen gestört werde.

TIP 2: Modal verbs

Especially in the context of health or fitness it is important to know how to say what one can do, must do, can't do, must not do, etc.

The group of verbs which express these functions are called modal verbs. In German they are:

können *to be able to/can*, **dürfen** *to be allowed to/may*, **müssen** *to have to/must*, **sollen** *ought to/should*, **wollen** *to want to*

Note that the German equivalent of *must not* is **dürfen** + **nicht** or **kein**:

Hier darf man nicht rauchen. *Here one must not (is not allowed to) smoke.*

Sie dürfen keinen Alkohol trinken. *You must not drink any alcohol.*

Ich muss nicht in German means *I don't have to*:

Ich muss nicht mit dem Fahrrad zur Uni fahren, ich kann auch mit der Straßenbahn fahren. *I don't have to go to the uni by bike, I can go by tram, too.*

The modal verbs in German are quite irregular. If you would like to refresh your memory how they go, have a look at the grammar section.

Übung 7: Wie heißt es richtig?

Setzen Sie die richtige Verbform ein.

Beispiel: Hier _____ Sie nicht parken. (dürfen)
Hier dürfen Sie nicht parken.

a _____ man hier rauchen? (dürfen)
b _____ ihr mir sagen, was das kostet? (können)

c Was? Er _____ nicht schwimmen? (können)
d Meine Ärztin sagt, ich _____ mehr Sport treiben. (sollen)
e Ich _____ ja gesünder leben, aber das ist nicht so einfach.
  (wollen)
f _____ du morgen mitkommen? (können)
g Ihr _____ mitkommen, wenn ihr _____, aber ihr _____
  nicht. (können/wollen/müssen)

ℹ Health care in Germany

Germans enjoy a very high standard of health care. Ninety per cent
of the population are covered by the statutory health insurance
measures. The various schemes to which people belong include **die
Allgemeine Ortskrankenkasse (AOK)** and industry-based
schemes, such as **die Seekrankenkasse** and **die Bundes-
knappschaft**. There are also private health insurance schemes.

The concept of the **Kur** at a health spa is still very much alive in
Germany and supported to a considerable extent by health
insurance schemes. A whole industry has developed around the
provision of treatment of various kinds, from mud baths to taking the
waters in **Badekurorte** and **Luftkurorte**. The most famous **Kurort** in
Germany is Baden-Baden.

Herzlich willkommen
in Bad Gandersheim!

Stadt **Bad Gandersheim**

Wohlfühlen leicht gemacht

Bad Gandersheim ist einer der vielen deutschen Kurorte. Sein
Heilbad bietet Linderung bei Rheuma, Kreislaufstörungen, usw.

▶ Aufnahme 3

Susanne hält sich fit

Susanne tut viel für ihre Gesundheit. Sie ist sehr sportlich und
Mitglied in einem Schwimmclub. Hören Sie, was sie erzählt und
beantworten Sie die Fragen.

Übung 8

a Mit wie vielen Jahren hat sie schwimmen gelernt?
b Wie lange schwimmt sie schon für ihren Club?
c Wie viele Stunden hat sie am Anfang trainiert?
d Trainieren die Schwimmer alleine?
e Wie oft trainiert sie im Moment?
f Wie ist ihre Meinung über das Schwimmen?

Hier sind einige Schlüsselwörter:

der Schwimmunterricht	*swimming lessons*
ausgepumpt	*exhausted*
sich steigern	*to increase*
belasten	*to strain*
das Gelenk (-e)	*joint*

Martina   Sag mal, Susanne, wie lange betreibst du denn dieses Hobby schon?

Susanne   Also, meine Eltern haben mich schon mit fünf Jahren zum Schwimmunterricht geschickt, so dass ich natürlich in der Schule eine der Besten im Schwimmunterricht war. Meine Lehrerin hat mir dann geraten, in einen Schwimmclub einzutreten.

Martina   Und seit wann schwimmst du für diesen Club?

Susanna   Seit zehn Jahren schon.

Martina   Wie oft trainierst du denn da pro Woche?

Susanne   Am Anfang trainiert man zweimal pro Woche eineinhalb Stunden. Dann, je nach Alter und Leistung, steigert sich das Trainingsprogramm: dreimal, viermal, fünfmal pro Woche. Und natürlich auch längere Trainingszeiten.

Martina   Ist dir das denn niemals langweilig geworden?

Susanne   Überhaupt nicht. Erstens trainiert man ja mit den anderen Schwimmern zusammen und hat somit viel Spaß, und zweitens kommen dann ja auch die verschiedenen Wettkämpfe dazu. Da weiß man, wofür man trainiert hat. Auch wenn man nicht immer gewinnt.

Martina   Bist du denn da nicht oftmals ziemlich ausgepumpt?

Susanne Eigentlich nicht. Das Trainingsprogramm steigert sich ja langsam, so dass ich jetzt daran gewöhnt bin, fünfmal pro Woche zu trainieren. Außerdem ist Schwimmen natürlich auch eine gute Methode, sich gesundheitlich fit zu halten. Es bringt den Kreislauf in Schwung und ist der Sport, der die Gelenke am wenigsten belastet und dabei alle Muskeln des Körpers trainiert.

langjährig	*of many years' standing, long-standing*
betreiben	*to pursue (hobbies etc.)*
eintreten in	*to join*
der Wettkampf (-¨e)	*competition*
an etwas gewöhnt sein	*to be used to something*
etwas in Schwung bringen	*to get something going*
der Kreislauf	*circulatory system**

*This aspect of health is mentioned much more frequently in German than in English. A common diagnosis by German doctors is *Kreislaufstörungen* (lit. circulatory disturbances).

Übung 9

Lesen Sie den Text noch einmal und ergänzen Sie

a Wie lange betreibst ...
b Meine Lehrerin hat mir geraten, ...
c Je nach Alter und Leistung ...
d Da weiß man, ...
e Schwimmen ist eine gute Methode, sich ...
f Es bringt den Kreislauf ...
g Schwimmen belastet die Gelenke ...
e Man trainiert alle ...

Grammatik

1 Modal verbs

As you are already aware, the modal verbs in German form a group of their own and behave differently from other verbs. The five most important modals are mentioned in *TIP 2*. There is one more that you also need to know: **mögen** *to like*.

Here are the present tense forms:

	dürfen *may*	**können** *can*	**mögen** *like (to)*
ich, er/sie/es	darf	kann	mag
du	darfst	kannst	magst
wir, Sie, sie	dürfen	können	mögen
ihr	dürft	könnt	mögt

	müssen *must*	**sollen** *ought (to)*	**wollen** *want (to)*
ich, er/sie/es	muss	soll	will
du	musst	sollst	willst
wir, Sie, sie	müssen	sollen	wollen
ihr	müsst	sollt	wollt

And here are the simple past tense forms:

	dürfen *may*	**können** *can*	**mögen** *like (to)*
ich, er/sie/es	durfte	konnte	mochte
du	durftest	konntest	mochtest
wir, Sie, sie	durften	konnten	mochten
ihr	durftet	konntet	mochtet

	müssen *must*	**sollen** *ought (to)*	**wollen** *want (to)*
ich, er/sie/es	musste	sollte	wollte
du	musstest	solltest	wolltest
wir, Sie, sie	mussten	sollten	wollten
ihr	musstet	solltet	wolltet

Note that for talking about the past, modal verbs usually take the simple past tense form; they occur very seldom in the perfect. However, you do need to know the past participles of modal verbs. Fortunately, they are fairly straightforward:

gedurft	gekonnt	gemocht
gemusst	gesollt	gewollt

Modal verbs can sometimes be used on their own:

Du kannst sehr gut Deutsch.	*You can (speak) German very well.*
Birgit wollte gestern nach Berlin.	*Birgit wanted to go to Berlin yesterday.*
Ich hab's gekonnt!	*I was able to do it!*

But they usually need a second verb, and this goes at the end of the sentence or clause:

Karin und Gerd **mussten** gestern Abend bis 22 Uhr im Büro **arbeiten**.

To express *would like/should like* you use a special form of **mögen** (like the simple past tense but with an umlaut):

Möchtet ihr heute Abend
bei uns essen?

*Would you like to eat at our
place tonight?*

Ich **möchte** im Sommer nach
New York fliegen.

*I'd like to fly to New York in
the summer.*

For more details see Unit 7.

2 Using the genitive

People tend to use different kinds of language or 'registers' depending on factors such as the degree of formality or informality required in a given situation. In this unit recordings 1 and 3 take place between friends and are therefore relatively informal. Recording 2 is an interview between strangers and therefore has a much more formal feel to it.

One of several factors that makes this recording more formal is the use of the genitive case in two instances:

Das wäre **meines Erachtens** nicht zu viel verlangt.
In der Zwischenzeit wächst die Zahl **der Restaurants**, die …

Other examples of the genitive from this **Lektion** include:

Ich bin **der Ansicht**, dass …
Ich bin ganz **Ihrer Meinung**, dass …

The genitive in German often covers the meaning of *of* in English. It is also often used to denote possession or ownership.

The forms of the genitive are fairly easy to remember:

a The masculine and neuter singular forms make up one group. They require an -(e)s on the article or possessive and on the noun:

Die Schwester meine**s** Freunde**s**   Das Auto Ihre**s** Vater**s**
Die Mutter de**s** Kinde**s**

b The feminine singular and all the plural forms make up another group. They require an **-er** on the article or possessive:

Der Bruder meine**r** Freundin   Die Wohnung Ihre**r** Mutter
Das Haus de**r** Eltern

Instead of using the genitive, you can often use **von** + dative. The effect is then less formal:

Die Schwester von mein**em** Freund
Die Wohnung von Ihre**r** Mutter
Das Haus von de**n** Eltern

EXTRA TIP: Expressing opinions – more examples

Agreeing	Ich teile Ihre Meinung.	*I share your opinion.*
	Darüber sind wir uns einig.	*We're in agreement on that.*
Disagreeing	Hier gehen unsere Meinungen auseinander.	*On this point we beg to differ.*
	Da liegst du völlig falsch!	*You're quite wrong there!*

Conceding a point before going on to put a counter-argument

	Das mag wohl sein, aber ...	*That may well be, but ...*
	Das sehe ich schon ein, aber ...	*I do see that, but ...*
	Sicher, aber ...	*Sure, but ...*

Expressing lack of opinion or indifference

	Das ist mir (alles) egal.	*It's all the same to me.*
	Das ist mir alles Wurscht.	*I really don't give a damn.*
	Na, und?	*OK, so what?*

Mehr Übungen

1 Wie heißt das auf Deutsch?

How would you say the following phrases in German? Use the Sie form.

a What is your opinion on ... ?
b What do you think of ... ? (Mention at least two possibilities)
c We have to contradict you on that.
d Is that correct in your estimation?
e Do you share my opinion?
f There is certainly something in that.
g They are quite wrong on that.
h We do see that, but ...

2 Üben Sie Endungen im Genitiv

Add the appropriate endings. Note that sometimes no ending is needed.

(a) Die Gefahren d__ Rauchen_ sind bekannt. (b) Die Tochter mein__ Bruder_ ist in einem Tennisclub. (c) Der Trainer d__ Fußballmannschaft__ ist sehr populär. (d) Der Vater ihr__ Mann_ war ein bekannter Sportler. (e) Ich bin da ganz dein__ Meinung_. (f) Mein__ Erachten_ sind die Preise für den Fitnessclub viel zu hoch. (g) Die Namen mein__ beiden Brüder__ willst du wissen? (h) Was sollte man denn Ihr__ Meinung nach tun?

▶ 3 Aus dem Radio: Alkoholismus in Deutschland

i Listen to this radio broadcast and fill in the missing words.

Auf einem Kongress in (a) _____ hat der Präsident der deutschen Ärztekammer gestern vor den Gefahren des (b) _____ zunehmenden Alkoholismus gewarnt. Er wies darauf hin, dass das (c) _____ unbemerkt von der Öffentlichkeit ständig anwachse. Die (d) _____ der Alkoholtoten liege etwa (e) _____ so hoch wie die der Drogentoten. Insgesamt gebe es in (f) _____ (g) _____ bis (h) _____ Millionen Alkoholkranke. Auch die Folgeschäden (i) _____ Alkoholmissbrauchs, wie Leberzirrhose, Hirnabbau und verschiedene (j) _____erkrankungen werden nach seiner Einschätzung von den meisten (k) _____ verkannt.

|---|---|
die Kammer (-n)	chamber
hinweisen auf (sep.)	to point out
anwachsen	to grow, increase
der Folgeschaden (¨)	harmful effect
der Missbrauch (-¨e)	abuse
die Leberzirrhose (-n)	cirrhosis of the liver
der Hirnabbau	brain damage (lit. brain reduction)
verkennen	to fail to appreciate/recognize

ii Note the formal style of these items from a radio newscast. This is typical of news reporting both in newspapers and on radio and TV. One of the features of this style is the frequent use of the genitive, e.g.

… der Präsident der deutschen Ärztekammer … *the President of the German Chamber of Doctors*

There are four more examples. Can you find them?

▶ 4 Und jetzt Sie!

Anita und Jürgen talk about health risks related to smoking and drinking. Complete the dialogue with the help of the English prompts.

Jürgen   Sag mal, Anita, warum hast du denn plötzlich das Rauchen aufgegeben?

Anita   *Tell him that you were concerned about your health. Also, your husband is allergic to smoke.*

Jürgen   Stört es dich jetzt, wenn andere Leute in der Öffentlichkeit rauchen?

Anita   *You say yes, very much. Tell him that you think smoking should be forbidden in public places, especially in restaurants when people are eating.*

Jürgen   War es nicht schwierig, den guten Vorsatz durchzuhalten?

Anita   *You say yes. Ask him whether he has cut back on his alcohol consumption.*

Jürgen   Ein wenig. Aber ich möchte es ganz aufgeben.

Anita   *Ask him if he had been concerned about the harmful effects of alcohol abuse.*

Jürgen   Ja. Das war auch der Grund, warum ich mich entschlossen habe, vollkommen aufzuhören. Ich habe nämlich Angst vor Krebs und Leberzirrhose.

Lesetexte

Gesundheitstips

Lesen Sie die folgenden zwei Texte und beantworten Sie die Fragen.

Alkoholkater – Honig vor dem Schlafengehen

Wer abends oder nachts zu viel Alkohol getrunken hat, sollte vor dem Schlafengehen einen Teelöffel Bienenhonig zu sich nehmen – empfehlen Mediziner der Universität New York. Am nächsten Morgen hat man dann weder Kopfschmerzen noch Schwindelgefühle. Wer beim Trinken auch noch raucht, sollte den Honig mit dem Saft einer Zitrone mischen und mit etwas Mineralwasser aufgießen.

Cholesterin – jeden Tag zwei Gläschen Rotwein

Menschen mit hohem Cholesterinspiegel sollten jeden Tag zwei Gläschen Rotwein trinken – empfehlen amerikanische Wissenschaftler der Cornell-Universität in Ithaca. Sie entdeckten im Rotwein einen Stoff (Resveratol), der Cholesterin bindet. Am meisten davon ist im roten Bordeaux enthalten.

a Was kann man machen, wenn man zu viel Alkohol getrunken hat?
b Was hat man dann nicht am nächsten Morgen?
c Was sollten Leute mit einem hohen Cholesterinspiegel machen?
d Wie heißt der Stoff, der Cholesterin bindet?

der Kater	*hangover*
weder ... noch ...	*neither ... nor ...*
das Schwindelgefühl (-e)	*feeling of dizziness*
(mit Mineralwasser) aufgießen	*to pour (mineral water) on*
der Cholesterinspiegel (-)	*cholesterol level*
der/die Wissenschaftler/in (- /-nen)	*scientist*
entdecken	*to discover*
der Stoff (-e)	*substance*
binden	(here) *to take up*

Raucher oder Nichtraucher?

Overleaf is an advertisement for a service offered by a car rental firm. Read the text and pay special attention to the following points:

a what kind of service the company offers
b where the service is available
c where you can book the service
d what is said about the company

Ein netter Zug von Deutschlands Nummer 1:

„Raucher" oder „Nichtraucher" – ganz wie Sie wollen

Als einzige Autovermietung bietet Ihnen interRent Europcar an fast allen Verkehrsflughäfen einen ganz besonderen Service: Neben vielen Fahrzeugen, in denen Sie rauchen können, haben wir auch ein Modell für Nichtraucher reserviert. Wenn Sie also einen Mietwagen wünschen, in dem garantiert nicht geraucht wurde, kommen Sie zu Deutschlands Autovermietung Nummer 1 und fragen nach dem Nichtraucher-Service. Reservierungen an einer unserer über 400 Stationen, im Reisebüro oder rund um die Uhr zum Nulltarif unter 0130/2211.

(Der Spiegel)

Deutschlands Autovermietung Nummer 1

07

Berlin ist eine Reise wert

In this unit you will learn how to
- make travel arrangements and make polite requests
- understand and give directions
- talk about Berlin and its attractions

- use prepositions and cases
- form indirect questions

▶ Aufnahme 1

Was kostet ein Flug nach Berlin?

Silke möchte nächste Woche nach Berlin fliegen. Sie ist in einem Reisebüro und fragt, wann es Flüge gibt und was sie kosten.

Hören Sie den Dialog an und beantworten Sie dann die Fragen in Übung 1.

Silke   Guten Tag. Ich hätte gern gewusst, ob es abends nach 18.00 Uhr Flüge nach Berlin gibt.

Frau Jahn   Sonntags bis freitags kann man um 19.20 Uhr mit British Airways ab Münster/Osnabrück nach Berlin Tegel fliegen. Sonnabends ist der letzte Flug um 14.20 Uhr. An welchem Tag wollen Sie denn fliegen?

Silke   Am kommenden Freitag, wenn es geht. Um wie viel Uhr kommt die Maschine in Berlin Tegel an?

Frau Jahn   Um 20.25 Uhr. Ich sehe mal auf dem Computer nach, ob noch Plätze frei sind. (*Sie sieht auf dem Computer nach*) Ja, Sie haben Glück, es sind noch Plätze frei. Für wie viele Personen?

Silke   Für mich alleine. Dann müsste ich auch noch wissen, ob ich Sonntagabend oder Montag früh zurückfliegen könnte.

Frau Jahn   Also, sonntagabends startet der letzte Flug um 17.40 Uhr und montags ist der erste Flug um 6.50 Uhr – Ankunft in Münster/Osnabrück um 8.00 Uhr.

Silke   Mmm. 8.00 Uhr am Flughafen. Dann wäre ich erst gegen 9.00 Uhr im Büro. Aber ich glaube, das wäre nicht so schlimm, wenn ich noch vorher mit meiner Chefin rede. Was kostet der Hin- und Rückflug?

Übung 1: Beantworten Sie die Fragen

a Wann möchte Silke nach Berlin fliegen?
b Um wie viel Uhr geht wochentags der letzte Flug?
c Wann kommt die Maschine in Berlin an?
d Wann möchte Silke zurückfliegen?
e Was muss sie noch tun?

Ich hätte gern gewusst ...	lit. *I would have liked to know ...*
sonnabends	*on Saturdays* (**Sonnabend** is frequently used in North Germany instead of **Samstag**)
nachsehen (sep.)	*to have a look (to see)*
dann müsste ich wissen ...	*then I would have to know ...*
die Ankunft (-¨e)	*arrival*
der Hin- und Rückflug (-¨e)	*return flight*

Übung 2: Wie heißt das im Text?

Finden Sie für die Wörter *in kursiv* die Ausdrücke im Text mit den gleichen Bedeutungen.

Beispiel: am *nächsten* Freitag – am **kommenden** Freitag

a   wenn es *möglich ist* –
b   *das Flugzeug* –
c   *es gibt noch* Plätze –
d   *geht* der letzte Flug –
e   das wäre *kein Problem* –
f   *Wie teuer ist* ... –

ABFLUG VON BERLIN				**FLUGHAFEN**	**ANKUNFT IN BERLIN**			
6.35 TXL Mo-Fr	BA 3181	7.50	München	6.35 Mo-Fr	LH 6650 TXL	**7.55**
6.40 TXL Mo-Fr	LH 6651	8.00		7.00 Mo-Sa	BA 3198 TXL	**8.20**
8.25 TXL Mo-Sa	BA 3182	9.40		7.35 Mo-Sa	LH 6252 TXL	**8.55**
8.40 TXL täglich	LH 6655	10.00		7.00 Mo-Fr	NS 630 THF	**9.25**
10.00 THF Mo-Fr	NS 631	11.45		8.35 täglich	LH 6654 TXL	**9.55**
10.40 TXL täglich	LH 6659	12.00		8.45 Mo-Fr	BA 3182 TXL	**10.05**
11.45 TXL täglich	LH 6665	13.05		10.25 Mo-Sa	BA 3184 TXL	**11.45**
12.40 TXL So-Fr	LH 6661	14.00		10.35 täglich	LH 6658 TXL	**11.55**
13.55 THF Mo-Fr	NS 635	15.40		11.45 Mo-Fr	NS 632 THF	**13.25**
14.40 TXL täglich	LH 6663	16.00		12.35 täglich	LH 6660 TXL	**13.55**
16.40 TXL täglich	LH 6667	18.00		13.40 täglich	LH 6664 TXL	**15.00**
17.00 TXL So-Fr	BA 3193	18.15		14.35 So-Fr	LH 6662 TXL	**15.55**
17.55 TXL So-Fr	LH 6269	19.15		16.10 Mo-Fr	NS 636 THF	**17.50**
18.15 THF Mo-Fr	NS 637	20.45		16.35 täglich	LH 6666 TXL	**17.55**
18.40 TXL täglich	LH 6671	20.00		18.35 So-Fr	LH 6670 TXL	**19.55**
19.55 TXL So-Fr	LH 6273	21.15		18.55 So-Fr	BA 3194 TXL	**20.15**
20.35 TXL So-Fr	BA 3197	21.50		20.05 So-Fr	LH 6272 TXL	**21.25**
20.35 TXL So-Fr	LH 6675	21.55		20.35 täglich	LH 6674 TXL	**21.55**
6.50 TXL Mo-Fr (Sa: 7.30)	BA 3161	8.00	Münster/	8.30 Mo-Fr (Sa: 9.10)	BA 3162 TXL	**9.35**
11.35 THF Mo-Fr	VG 113	12.35	Osnabrück	14.20 Mo-Fr	VG 114 THF	**15.20**
17.40 TXL So-Fr	BA 3165	18.50		19.20 So-Fr	BA 3166 TXL	**20.25**

TIP 1: Indirect questions

A polite way to ask a question in German – for instance when you enquire in a shop – is to use what is called in English an indirect question. Look at the following examples:

Was kostet der Flug ?   → Können Sie mir sagen, was
                                      der Flug kostet?

Wann kommt die Maschine an?   → Wissen Sie, wann die
                                      Maschine ankommt?

As you can see, an indirect question is often preceded by an introductory question, e.g. **Können Sie mir sagen, ... ? Wissen Sie, ...?**. Note that the verb goes to the end of the clause.

Direct questions which start with a verb and not a question word (**wo**, **wann**, **was**, etc.) add **ob** whether when transformed into an indirect question:

Gibt es einen Flug nach 19.00 Uhr? →
Wissen Sie, ob es einen Flug nach 19.00 Uhr gibt?

*There are three examples where ob is used in **Aufnahme 1**. Can you find them?*

TIP 2: Konjunktiv II (a)

You might have wondered what form the verbs **wäre** and **hätte** are. They are examples of the subjunctive form in German called **Konjunktiv II**.

Konjunktiv II is mainly used for two purposes:

1 to indicate what might happen:
   Dann wäre ich erst gegen 9.00   *Then I wouldn't be at the*
   Uhr im Büro.   *office till about 9.00 am.*

2 to add a degree of politeness:
   Könnten Sie mir helfen?   *Could you help me?*

Note that verbs in the Konjunktiv frequently introduce indirect questions:

Könnten Sie mir sagen, wie spät es ist?

For more details look at the grammar section.

Übung 3: Nicht so formell, bitte!

Put the verbs in the subjunctive back into the present tense form.

Beispiel: Könnte ich Montag früh zurückfliegen?
           Kann ich Montag früh zurückfliegen?

a Wäre es möglich, die Spätmaschine zu nehmen?
b Ich müsste noch mal mit dem Reisebüro sprechen.
c Dürfte ich Ihr Telefon benutzen?
d Wissen Sie, wie teuer es mit dem Taxi wäre?
e Könnten Sie mir sagen, wo man in Berlin gut ausgehen kann?
f Hättet ihr Lust, mit ins Kino zu kommen?

Übung 4: Sagen Sie es anders!

i While on a holiday in Berlin, Caroline needs to put her knowledge of indirect questions to the test. Help her to reformulate the following questions by using **Entschuldigung, könnten Sie mir sagen, ...** and an indirect question.

Beispiel: Wo ist die nächste Post?
           Entschuldigung, könnten Sie mir sagen, wo die nächste Post ist?

a Wie weit ist es bis in die Stadtmitte?
b Was kostet eine Tageskarte für die U-Bahn?
c Wie komme ich am schnellsten nach Charlottenburg?
d Gibt es hier in der Nähe eine Touristeninformation?
e Ist das hier vorne eigentlich die Gedächtniskirche?
f Wo kann man hier in der Nähe gut essen gehen?

ii Unfortunately none of the people asked were from Berlin. Answer each question for them, starting with the phrase **Es tut mir Leid, aber ich weiß nicht, ...**

Beispiel: Wo ist die nächste Post?
           Es tut mir Leid, aber ich weiß nicht, wo die nächste Post ist.

▶ Aufnahme 2

Und wie komme ich zu meinem Hotel?

Am Flughafen Tegel in Berlin fragt Silke an der Information, wie sie am besten zu ihrem Hotel kommt.

Hören Sie den Dialog an und unterstreichen Sie die richtige Antwort.

Übung 5

a Silke sagt: „Ich habe/hatte/hätte eine Frage, bitte."
b Vom Flughafen fährt die Buslinie 108/109/110 zum Bahnhof Zoo.
c Mit dem Taxi wäre es ungefähr/mindestens/wahrscheinlich das Zehnfache.
d Ihr Hotel liegt in der Güntherstraße/Goethestraße/Güntzelstraße.
e Vom Bahnhof Zoo sind es noch zwei/drei/vier U-Bahnstationen.
f Die Bushaltestelle ist zirka 50 Meter auf der linken/rechten Seite.
g Eine Fahrkarte kann man im Bus/am Automaten/am Schalter kaufen.

mit der 109	The gender is feminine, as this is an abbreviation for **die Buslinie 109**.
Bahnhof Zoo	Short for **Bahnhof Zoologischer Garten**, a major intersection of the mainline railway, the **U-Bahn** and the **S-Bahn**.
das Gepäck	*luggage*
Es lohnt sich (nicht).	*It's (not) worth it.*
zirka	*about*
die Bushaltestelle (-n)	*bus stop*
lösen	*to buy, obtain (a ticket)*

TIP 3: Directions and prepositions

When giving or asking for directions, prepositions are very important.

Here are some points to remember:

1 When asking for a location or building you often need to use
zu:

> Wie komme ich **zum** Bahnhof?

If you are actually entering a location or building you usually
use **in**:

> Gehen wir **ins** Kino?

2 You probably remember that prepositions require a certain
case.
The following *always* need the accusative or the dative:

accusative:	bis, durch, für, gegen, ohne, um, entlang
dative:	aus, bei, mit, nach, seit, von, zu, gegenüber, außer

3 There are also a number of prepositions which take the
accusative when movement towards a place is implied, and
the dative when the emphasis is on location or position:

acc./dative	an, auf, hinter, in, neben, über, unter, vor, zwischen

Here are some examples:

Gehen Sie **auf die** linke Seite.   Das Museum ist **auf der** linken
Seite.

Wie komme ich **ins**   **Im** Stadtzentrum kann man gut
Stadtzentrum?   essen.

Note the verbs which usually indicate movement: **gehen,
kommen, überqueren, fahren**. Most other verbs, e.g. **sein,
liegen, sich befinden**, put the emphasis on location.

For a list of prepositions together with the cases they take, see
the Grammar section later in this unit.

Übung 6: Akkusativ oder Dativ?

Identify (**i**) the preposition in the following sentences and (**ii**)
explain why the accusative or dative is used.

Beispiel: Die Kneipe ist direkt neben dem Kino.
> → i *The preposition is **neben**.*
> → ii *Because we're here talking about position
(exemplified by **ist** is), not movement, the
preposition requires the **dative**.*

a Ist das der Weg zum Bahnhof?
b Gehen Sie über die Kreuzung und dann immer geradeaus.
c Wie komme ich am besten in die Stadt?
d Die Touristeninformation befindet sich im Bahnhof.
e Die Kneipe ist direkt neben der Kirche.
f Vom Flughafen nehmen Sie am besten den Zug.

ℹ Berlin

Since 1990 Berlin has been the capital city of Germany, following the fall of the Berlin Wall in November 1989 and the subsequent re-unification of Germany. In 1999 the German Federal Parliament, **der Bundestag**, moved to Berlin, to the old Reichstag, imaginatively reconstructed in the shell of the former building by the British architect Sir Norman Foster.

Today Berlin is a multicultural metropolis with a wide range of attractions for residents and visitors alike. From the exciting nightlife reminiscent of the Berlin of the 1920s to world-class opera, orchestras, galleries and museums – there is something for every taste in this fascinating city.

▶ Aufnahme 3

Berlin ist eine Reise wert!

Frau Heine ist Touristenführerin in Berlin. In einem Radio-interview erzählt sie, wie sie nach Berlin kam, warum es ihr hier gefällt und welche Tipps sie Touristen geben würde.

Hören Sie den Dialog an und beantworten Sie die Fragen.

Übung 7

a Seit wann lebt Frau Heine in Berlin?
b Was mag sie an den Berlinern?
c Wann wurde Berlin zu einer wirklichen Weltstadt?
d Was folgte nach den „Goldenen Zwanzigern"?
e Welche Kunst kann man im Brücke-Museum sehen?
f Was bietet Berlin Leuten, die zum Einkaufen kommen?

Hier sind einige Schlüsselwörter.

die Eigenschaft (-en)	*characteristic, feature*
die Möglichkeit (-en)	*opportunity*
bieten	*to offer*
die Teilung (-en)	*division*
Es hängt davon ab ...	*It depends on ...*
edel	*noble*

Journalist   Frau Heine, Sie arbeiten als Touristenführerin in Berlin. Sind Sie denn eigentlich auch eine richtige Berlinerin?

Frau Heine   Nein, ich bin in Nürnberg geboren, lebe aber schon seit über 20 Jahren in Berlin. Ich habe damals an der FU, an der Freien Universität, studiert und mir hat Berlin so gut gefallen, dass ich dann nach meinem Studium gleich hier geblieben bin.

Journalist   Was hat Ihnen denn so gut gefallen?

Frau Heine   Nun, zum einen die Berliner selber. Ich finde, die Leute haben Humor und sagen offen, was sie denken. Das ist eine Eigenschaft, die ich sehr mag. Gut, manchmal können sie auch etwas unfreundlich wirken, aber im Allgemeinen sind die Menschen humorvoll und auch tolerant.

Journalist   Hat sich denn Berlin in den Jahren stark verändert?

Frau Heine   Ja, das kann man wohl sagen. Aber das war schon immer typisch für diese Stadt. Sehen Sie, im 19. Jahrhundert war Berlin eigentlich nur ein großes Dorf. Erst nach dem 1. Weltkrieg – in den „Goldenen Zwanzigern" – wurde es zu einer wirklichen Weltstadt. Danach folgten 12 Jahre Diktatur der National-sozialisten. Und nach dem Krieg der Wiederaufbau, 1961 der Mauerbau und die Teilung. Seit dem Fall der Mauer 1989 ist Berlin aber wieder das wirkliche Zentrum von Deutschland.

Journalist   Was würden Sie denn einem Touristen empfehlen?

Frau Heine   Tja, es hängt davon ab, welche Interessen jemand hat. Wer sich für Kultur interessiert, für den bietet die Stadt natürlich fantastische Möglichkeiten: Museen, wie die Neue Nationalgalerie oder das Brücke-Museum, wo man expressionistische Kunst zeigt. Wer sich für Geschichte oder für Preußen interessiert, kann zum Beispiel das Deutsche Museum besuchen. Und wer nur zum Einkaufen kommt, dem bietet Berlin fast alles – von eleganten Kaufhäusern wie dem KaDeWe und edlen Boutiquen, bis zu alternativen Läden. Und die etwas jüngeren – die können nach Kreuzberg oder zum Prenzlauer Berg gehen, wo es viele Szene-Kneipen, Restaurants und Clubs gibt.

Übung 8: Wie heißt das?

Finden Sie im Dialog die deutschen Wörter für:

a history
b village
c Prussia
d the Great War
e expressionist art
f 'Golden Twenties'
g re-buildung
h fall of the Wall
i shopping
j 'in' pubs

Übung 9

Lesen Sie den Text noch einmal und ergänzen Sie.

a Frau Heine ist nach ihrem Studium …
b Sie schätzt an den Berlinern, dass …
c Sie erklärt, dass Berlin erst nach …
d Nach den „Goldenen Zwanzigern" folgten …
e Seit 1961 gab es …
f Sie sagt, dass man im Brücke-Museum …
g Wer zum Shoppen kommt, dem …
h Am Prenzlauer Berg gibt es …

Grammatik

Indirect questions

You've already seen how indirect questions can be used as a politer way of requesting information:

Könnten Sie mir sagen, wann der nächste Zug nach Berlin fährt?
Could you tell me when the next train leaves for Berlin?

You also saw in Übung 4 ii that indirect questions are often used in reply to requests for information:

Es tut mir Leid, aber ich weiß nicht, wann der nächste Zug nach Berlin fährt.
I'm sorry, but I don't know when the next train leaves for Berlin.

Here is a reminder of the main points:

Indirect questions are introduced either by a question word (**wann? warum? wie?**, etc.) or by **ob** *whether*. As with most subordinating clauses, the verb goes to the end of the clause. And don't forget to put a comma at the start of the indirect question.

Konjunktiv II

Note that the Konjunktiv II is most often used with the verbs **haben, sein** and **werden** and with the **modal verbs**.

Here are the forms for **haben, sein** and **werden**:

	would have	*would be*	*would (+ second verb)*
ich, er/sie/es	hätte	wäre	würde
du	hättest	wärest	würdest
ihr	hättet	wäret	würdet
wir, Sie, sie	hätten	wären	würden

The forms for the modal verbs are as follows:

	might	*could*	*should like (to)*
ich, er/sie/es	dürfte	könnte	möchte
du	dürftest	könntest	möchtest
ihr	dürftet	könntet	möchtet
wir, Sie, sie	dürften	könnten	möchten

	would have to	*should*	*would want (to)*
ich, er/sie/es	müsste	sollte	wollte
du	müsstest	solltest	wolltest
ihr	müsstet	solltet	wolltet
wir, Sie, sie	müssten	sollten	wollten

You will recall from *TIP 2* that the Konjuntiv II is used **a** to say what might happen and **b** to add a degree of politeness:

a Dann **hätte** ich zu viel Arbeit.   *Then I'd have too much work.*
Das **wäre** nett von Ihnen.   *That would be nice of you.*
Dann **würde** ich nicht gehen.   *Then I wouldn't go.*

b **Dürfte** ich einen Bonbon haben?   *Might I have a sweet?*
Möchtest du ein Eis?   *Would you like an ice-cream?*
Du **solltest** mehr Sport treiben.   *You should do more sport.*

3 Prepositions and cases

It is important to know which cases prepositions require in German. Here is an overview.

Accusative	bis	*until*
	durch	*through*
	für	*for*
	gegen	*against, around*
	ohne	*without*
	um	*around, at*
Dative	aus	*from, out of*
	außer	*apart from*
	bei	*at, near*
	gegenüber	*opposite*
	mit	*with, by (for means of transport)*
	nach	*after, to*
	seit	*since, for*
	von	*from*
	zu	*to*
Accusative or dative	an	*at, on*
	auf	*on*
	hinter	*behind*
	in	*in, into*
	neben	*near, next to*
	über	*over, above, across*
	unter	*under, among*
	vor	*in front of, before*
	zwischen	*between*
Genitive	trotz	*despite, in spite of*
	während	*during*
	wegen	*because of, due to*
	(an)statt	*instead of*

Mehr Übungen

1 Was fehlt?

Ergänzen Sie:

(a) Das Opernhaus liegt gegenüber d__ Humboldt-Universität.
(b) Gehen Sie über d__ Kreuzung bis z__ Goethe-Platz. (c) Das
Café Marina? Das liegt gleich hinter d__ Kirche. (d) Z__
Museum für Deutsche Geschichte wollen Sie? Da fahren Sie am
besten mit d__ U-Bahn. (e) Gehen Sie hier um d__ Ecke. Da
finden Sie auf d__ rechten Seite einen Supermarkt.
(f) Die Buchhandlung liegt zwischen d__ Bäckerei und d__
Secondhandgeschäft. (g) Wenn Sie hier durch d__ Tiergarten
gehen, stehen Sie fast direkt vor d__ Reichstag.

▶ 2 Und jetzt Sie!

With the assistance of the English prompts play the role of the
person giving directions. Note that in German street names
ending in -er do not change their endings (**Konstanzer Straße,
Düsseldorfer Straße** etc.) but street names ending in -isch take
the normal adjectival endings (eg **Gehen Sie rechts in die
Bayerische Straße; Wir stehen hier in der Bayerischen Straße**)

Tourist Entschuldigen Sie, bitte. Wie komme ich zur Pariser
Straße?

Sie *Tell him that you're now in Brandenburgische Straße. Ask
whether he can see the traffic lights at the next crossroads.*

Tourist Ja, die sehe ich.

Sie *Tell him to go right there into Düsseldorfer Straße. After
about 300 metres he'll come to Konstanzer Straße. He
should go over Konstanzer Straße, straight on for perhaps
300 metres till he gets to Bayerische Straße. Go left at this
crossroads into Bayerische Straße.*

Tourist Moment, bitte. Was sagten Sie? Hier rechts, dann
geradeaus bis zur Düsseldorfer Straße, über die
Düsseldorfer Straße und weiter geradeaus bis zur
Bayerischen Straße. Dann rechts.

Sie *Tell him, no, not right but left into Bayerische Straße. Then
about one kilometre further on he'll come to Pariser Straße.*

Tourist Vielen Dank.

Sie *You say that he's welcome.*

3 Schreiben Sie einen Dialog!

You are working in Berlin and need to make a business trip to Munich on Wednesday of next week. Before you phone your travel agent you decide to draw up in German a list of questions. You will want to know when the first plane leaves for Munich, which airline (**die Fluglinie**) this is with, when this flight arrives in Munich, when the last Lufthansa flight leaves Munich for the return journey and when you will arrive back in Berlin.

When you write down your list of questions, leave room for the travel agent's answers. Using the flight schedule on page 99, write down what you think the travel agent would say. You should end up with a complete dialogue between yourself and the travel agent.

Try to use indirect questions and some expressions with the Konjunktiv II. A model version is given in the answer section, but your own answers may vary slightly from those given.

Lesetext

Kurzreise nach Berlin

On page 112 there is a leaflet advertising a short break in Berlin for people from Münster. Read the text to see what is on offer, paying special attention to the following points:

a What is on the plan for the four days in Berlin.

b What is included in the price of the trip.
c Additional information concerning the booking of tickets for the theatre and other cultural events.

EZ = Einzelzimmer (-)	*single room*
der EZ-Zuschlag (-ˉe)	*single room supplement*
der Reiseverlauf (-ˉe)	*tour plan;* lit.: *tour course*
Änderungen vorbehalten	*subject to alteration;* lit.: *alterations reserved*
die Zusteigemöglichkeit (-en)	*pick-up point;* lit.: *getting on possibilities*
einrichten (sep.)	*to arrange*
belegen	*to occupy (a room)*
zur freien Verfügung (stehen)	*(to be) free;* lit.: *at the free disposal*
die Besichtigung (-en)	*sightseeing*
die Führung (-en)	*guided tour*
die Leistung (-en)	here: *what is included.* lit.: *achievements*
das Verkehrsamt (-ˉer)	*tourist information office*

Congratulations!

You have now finished Unit 7. Before you move on to the next unit, check your progress in the **Self-assessment test** we have designed for you on page 176.

KURZREISE
BERLIN

BERLINFAHRT
21. – 24. Oktober
Preis: € 195,--
EZ-Zuschlag

REISEVERLAUF (Änderungen vorbehalten)

SONNTAG/MONTAGNACHT
Abfahrt um 1.00 Uhr. Zusteigemöglichkeiten
werden eingerichtet.

MONTAG Ankunft um 8.00 Uhr in Berlin
zu einem reichhaltigen Frühstücksbuffet im
Café Kranzler. Zimmerbelegung. Kleine
Stadtrundfahrt mit ersten wichtigen
Informationen.
Ansonsten steht der Nachmittag zur freien
Verfügung. Abends gemeinsames Abendessen.

DIENSTAG Große Stadtrundfahrt mit Besuchen und
Besichtigungen. Abends gemeinsames Abendessen.

MITTWOCH Besichtigung des Schlosses Charlottenburg mit
Führung. Nachmittag und Abend zur freien Verfügung.

DONNERSTAG Besuch in Potsdam. Gemeinsames Mittagessen.
Rückfahrt gegen 15.00 Uhr.

Es empfiehlt sich eine rechtzeitige Buchung von Theaterkarten.

INFORMATIONEN UND ANFRAGEN
Theater- und Kulturprogramm
über:
Agentur Otfried Laur,
Hardenbergstr. 7, 10623 Berlin
Tel. 030/3137007

Eintrittskarten für alle
Veranstaltungen können dort
bestellt werden!

Weitere Informationen:
Verkehrsamt Berlin,
Europa Center
Tel. 030/211234

LEISTUNGEN

Busfahrt hin und zurück,
3 Übernachtungen mit Frühstück,
1 Frühstücksbuffet am Ankunfts-
morgen, 3 warme Mahlzeiten, gem.
Programm, Reisebegleitung
während der ganzen Reise,
Komfort-Reisebus.
Eine Mindestteilnehmerzahl ist
erforderlich!

„MIT KOLPING REISEN"
Kolpingwerk, Krumme Str. 9
48143 Münster Tel. 0251/4 24 38

08

typisch deutsch?

In this unit you will learn how to
- discuss stereotypes and prejudices
- make comparisons
- report what others have said

- form and use reported speech and Konjunktiv I
- apply adjectival endings

▶ Aufnahme 1

Darren aus Großbritannien und Martin aus Deutschland unterhalten sich über typisch deutsche Eigenschaften. Was ist Darren in Deutschland aufgefallen?

Hören Sie die Audioaufnahme an und machen Sie dann **Übung 1**.

Martin Ich habe gehört, deine Mutter ist Deutsche. Hast du denn schon früher mal in Deutschland gelebt?

Darren Nein, ich bin zum ersten Mal hier in Deutschland. Meine Mutter hat aber meistens Deutsch mit mir gesprochen und mir auch viel über deutsche Geschichte, Kultur und das tägliche Leben erzählt, worüber ich natürlich sehr froh bin. Aber weißt du, besonders neugierig war ich darauf, diese so genannten typisch deutschen Eigenschaften zu entdecken.

Martin Welche Eigenschaften meinst du denn damit?

Darren Naja, zum Beispiel hat meine Mutter immer gesagt, dass kein Volk so fleißig sei wie die Deutschen, das würde man ja schon daran sehen, dass sie so früh morgens aufstehen. Und natürlich wäre das Wirtschaftswunder nie möglich gewesen, wenn die Deutschen nicht so arbeitsam wären!

Martin Das glaube ich dir gern. Ja, und hat dir deine Mutter auch erzählt, dass die Deutschen so ordnungsliebend und sauber sind?

Darren Genau! Aber da muss ich dir sagen, das habe ich auch festgestellt. Ich finde, die Häuser und Straßen in Deutschland sehen viel sauberer und gepflegter aus als in England.

Martin Ja, manchmal habe ich das Gefühl, dass wir es ein bisschen übertreiben. Hast du denn sonst noch Unterschiede bemerkt?

Darren Mir ist besonders aufgefallen, dass man hier in Deutschland viel mehr Aufwand betreibt, wenn es um gewisse Anlässe geht, wie zum Beispiel Weihnachten, Ostern und so weiter. Die Leute hier machen sich so viel Arbeit mit den ganzen Vorbereitungen für das Fest, wie Dekoration, Essen kochen, Kuchen und Plätzchen backen. Und auch bei Geburtstagen wird viel mehr gefeiert, und die Leute schicken sich Karten, auch wenn sie nicht zusammen feiern. Das ist in England weniger der Fall.

Übung 1: Richtig oder falsch?

Korrigieren Sie die falschen Aussagen.

a Darren war schon oft in Deutschland.
b Seine Mutter hat ihm viel über das Leben in Deutschland erzählt.
c Sie sagte ihm, dass die Deutschen sehr fleißig seien.
d Außerdem erklärte sie ihm, dass die meisten Leute spät aufstehen.
e Darren findet die Häuser in Deutschland ähnlich wie in Großbritannien.
f Ihm ist aufgefallen, dass die Menschen weniger feiern.
g Auch schickt man sich weniger Karten.

die Eigenschaft (-en)	*characteristic*
arbeitsam	*hard-working*
das Wirtschaftswunder (-)	*the economic miracle*
ordnungsliebend	*liking to see things neat and tidy*
gepflegt	*well-kept*
der Aufwand	*expenditure (in time/money)*
der Anlass (-̈e)	*occasion*

Übung 2: Wie sagt man das?

Lesen Sie den Text und finden Sie ein passendes Adjektiv.

Beispiel: die Leute arbeiten viel – sie sind *fleißig*

a eine Person ist glücklich – eine Person ist _____
b die Deutschen arbeiten hart – sie sind _____
c jemand macht, was im Gesetz steht – jemand ist _____
d es gibt keinen Dreck – es ist _____
e man kümmert sich um den Garten – der Garten sieht _____ aus.

***TIP 1*: Comparative**

Remember that the comparative in German is formed by adding **-er** to the adjective:

klein – Die Schweiz ist viel klein**er** als Österreich.

hektisch – Das Leben in der Stadt ist hektisch**er** als auf dem Land.

Many adjectives with only one syllable also need an umlaut in the comparative:

> kalt → kälter, dumm → dümmer, groß → größer

A few adjectives are slightly irregular:

> gut → besser, hoch → höher, gern → lieber, viel → mehr

Another way of comparing things is to use the expressions **ähnlich ... wie ...** (*similarly ... to*), **genauso ... wie ...** (*just as ... as*) or **nicht so ... wie ...** (*not as ... as ...*):

> Ist vieles in Deutschland nicht ähnlich teuer wie in Großbritannien?
> Die Fahrt mit der Bahn ist genauso teuer wie mit dem Flugzeug.
> Die Deutschen sind aber nicht so arbeitsam wie viele denken.

There are two more examples of the comparative form in the dialogue. Can you find them?

TIP 2: Adjectival endings

Adjectival endings are often seen as a difficult area in German. The problem is that they might occur in four different ways in one sentence, each time needing slightly different endings. Note the four different categories:

1 The adjective is not preceded by an article or possessive:
> Trinkst du gern *deutsches* Bier?
2 The adjective follows an indefinite article or a possessive:
> Sie führt ein *interessantes* Leben.
3 The adjective is preceded by a definite article.
> Der *neue* Minister kommt aus Köln.
4 The adjective stands on its own:
> Die Leute sind sehr *freundlich*.

The last example is the easiest one, as no endings are needed. In the other three instances you have to consider the gender, case and which – if any – article is used. But it is not as complicated as you might think, as the endings are quite often the same across categories and cases. If you practise, you will eventually get a feel for what is correct.

Here you can see how the endings for the **definite articles** go:

	masculine	feminine	neuter	plural
nom.	-e der nette Mann	-e die nette Frau	-e das nette Kind	-en die netten Leute
acc.	-en den netten Mann	-e die nette Frau	-e das nette Kind	-en die netten Leute
gen.	-en des netten Mannes	-en der netten Frau	-en des netten Kindes	-en der netten Leute
dat.	-en dem netten Mann(e)	-e der netten Frau	-en dem netten Kind	-en den netten Leuten

As you can see, all the endings after the definite articles are either **-e** or **-en**. In the nominative and accusative singular you add an **-e** (with the exception of **-en** in the masculine accusative). All the others need **-en**. See the grammar section for more information.

Übung 3: Stereotype, Stereotype!

Stereotype gibt es nicht nur zwischen verschiedenen Nationen, sondern auch in einem Land. Die folgenden Beispiele stammen aus Deutschland. Setzen Sie die Adjektive in den Komparativ.

Viele Leute denken,

a die Schwaben sind _fleißiger_ als die anderen Süddeutschen. (fleißig)
b die Leute aus Bayern sind _____ als die Norddeutschen. (gastfreundlich)
c die Menschen aus Hamburg sind _____ als Ostdeutsche. (tolerant)
d Leute aus Ostdeutschland sind _____ als Leute aus Berlin. (herzlich)
e Berliner sind _____ als die Sachsen. (weltoffen)
f Menschen aus Sachsen sind _____ als Schwaben. (humorvoll)

Gibt es ähnliche Stereotype auch in Ihrem Land?

Übung 4: Adjektivendungen

Ergänzen Sie die richtigen Endungen. Alle Beispiele sind aus Lektionen dieses Buches.

a Die deutsch... Wirtschaft kann nicht alle Akademiker beschäftigen.

b Reisen ist einer der attraktivst... Aspekte bei meiner Arbeit.

c Ich bin gern auf dem Laufenden, was die neuest... Filme angeht.

d Das Theater finden Sie auf der link... Seite.

e Als Radfahrer muss man die ganz... Abgase von den viel... Autos einatmen.

f Berlin ist wieder das wirklich... Zentrum von Deutschland.

g Für die jünger... Leute gibt es am Prenzlauer Berg viele Szene-Kneipen.

▶ Aufnahme 2

Ausbildung in Deutschland und Großbritannien – ein Vergleich

Hören Sie den Dialog an und unterstreichen Sie die richtige Antwort.

Übung 5

a Darren meint, dass Deutsche und Engländer ähnlich/ unterschiedlich/sehr verschieden sind.

b Er sagt, die Ausbildung in Deutschland ist schnell/zu lang/gründlich.

c Leute ohne Abitur bekommen einen guten/schlechten Start ins Berufsleben.

d In Großbritannien ist es genauso/ähnlich/weniger streng geregelt.

e In Deutschland fördert man auch Sport/Mathematik/ Fremdsprachen.

f Martin meint, dass die Deutschen viel/wenig Wert auf den Doktortitel legen.

g Er glaubt, dass der Leistungsdruck in der Schule hoch/nicht so hoch ist.

▶ Übung 6: Sagen Sie's auf Deutsch!

Lesen Sie jetzt den Dialog auf Seite 168, finden Sie die deutschen Ausdrücke und überprüfen Sie dann Ihre Antworten auf der Audioaufnahme.

a Just take as an example training in Germany.
b So much emphasis is put on qualifications.
c The other side of the coin is, however, the pressure to work harder.
d I don't know where this will lead to.
e I think that the Germans in general tackle their leisure activities much more systematically.
f There is certainly a grain of truth in that.
g You don't strike me as the typical German.

die Gründlichkeit	*thoroughness*
gründlich	*thorough(ly)*
nimm doch nur mal ...	*just take ...*
regeln	*to regulate, settle*
fördern	*to promote, support, foster*
Wert legen auf	*to attach importance to*
die Kehrseite der Medaille	*the other side of the coin*
die Leistungsanforderung (-en)	*demands on performance*
der Leistungsdruck	*pressure to perform, work harder*
sich erstrecken auf (+ acc.)	*to stretch to*
ein Körnchen Wahrheit	*a grain of truth*
Ausnahmen bestätigen die Regel	*the exception proves the rule*

***TIP 3*: Reported speech and Konjunktiv I**

If you want to report what someone said – for example, if Marco said, 'The Bavarians are very hospitable' – you use what is called reported speech: Marco said that the Bavarians were very hospitable.

German often uses a specific form of the verb for this purpose:

Meine Mutter hat immer gesagt, dass kein Volk so fleißig sei wie die Deutschen.	*My mother has always said that no nation is as hard-working as the Germans.*
Er meinte, er komme morgen.	*He said he would come tomorrow.*

This is a subjunctive form of the verb and is called Konjunktiv I. You form it by adding the appropriate endings to the stem of a verb, whether the verb is regular or irregular: ich komm**e**, du komm**est**, er/sie/es komm**e**, wir komm**en**, ihr komm**et**, sie komm**en**

The only exception is the verb **sein**:

ich sei	wir seien
du seist	ihr seid
er/sie/es sei	Sie/sie seien

If you use **dass** in reported speech, remember that the verb needs to go to the end: Marco hat gesagt, dass die Bayern sehr gastfreundlich **seien**.

For more information, see the grammar section later in this unit.

Übung 7: Was hat er gesagt?

Setzen Sie die folgenden Sätze in die indirekte Rede und benutzen Sie Konjunktiv I.

Beispiel: Carola sagt: „Ich will nächstes Jahr nach New York fliegen."
Sie sagt, dass sie nächstes Jahr nach New York fliegen wolle.

a Lothar sagt: „Das Essen in Italien schmeckt fantastisch."
b Herr Martinez meint: „In Berlin kann man sehr gut einkaufen."
c Frau Knoob findet: „Hamburg hat einen wirklich tollen Hafen."
d Gabrielas Meinung ist: „Schottland ist wirklich interessant."
e Frau Clemens findet: „In Brasilien gibt es die schönsten Strände."

▶Aufnahme 3

Vorurteile – und die Realität

Helga war im Urlaub in Großbritannien. Sie erzählt über die Klischees, die Deutsche gegenüber den Engländern haben, aber auch was Engländer über die Deutschen denken. Bevor Sie die Audioaufnahme anhören, lesen Sie bitte die folgenden Aussagen. Entscheiden Sie, ob diese Stereotypen auf England oder Deutschland zutreffen. Hören Sie dann den Dialog und kreuzen Sie die Stereotype an, die Sie hören können. Hatten Sie Recht?

Übung 8

Here are some commonly held views about the Germans and the British. Indicate which statements refer to which nationality. Then listen to the audio and say whether or not they appear in **Aufnahme 3**. Check your answers in the text.

		E/D	im Dialog?
a	Es ist ein kaltes, verregnetes Land.	E	✔
b	Die Leute sind sehr korrekt.	☐	☐
c	Dort gibt es nur Fish und Chips.	☐	☐
d	Man kommt schwer mit den Leuten in Kontakt.	☐	☐
e	Sie tragen alle Lederhosen.	☐	☐
f	Die Leute arbeiten sehr viel und stehen früh auf.	☐	☐
g	Sie sind kühl und reserviert.	☐	☐
h	Alles ist perfekt organisiert.	☐	☐

Karin Und wie hat es dir in England gefallen?

Helga Also, ich muss dir sagen, es war einfach super. Ich war erst eine Woche in London und bin dann für eine Woche nach Cornwall gefahren. London ist natürlich eine tolle Stadt und in Cornwall ist die Landschaft einfach fantastisch. Ich werde auf jeden Fall in meinem nächsten Urlaub wieder nach England fahren!

Karin Ach, ich kann mich aber erinnern, dass du zu Anfang recht kritisch warst, was England und die Engländer anbelangt. Erst hast du doch gemeint, dass England ein so kaltes und verregnetes Land sei, und dass man dort nichts außer Steak & Kidney Pie und Fish & Chips zu essen bekäme. Und von den Engländern hast du gesagt, sie seien so kühl und reserviert, dass man nie mit ihnen in Kontakt käme, erst recht nicht, wenn man ihre Art von Humor nicht versteht!

Helga Naja, das waren halt so die typischen Vorurteile, die man irgendwann mal aufgeschnappt hat. Ehrlich gesagt, ich habe so viele nette Leute kennen gelernt, mit denen ich mich großartig verstanden habe. Ein paarmal war ich zum Essen eingeladen und es war ausgezeichnet. Was das Wetter anbelangt, so ist es eigentlich fast so wie in Deutschland – natürlich kann man nicht gerade einen Badeurlaub dort verbringen ...

Karin Und hast du auch irgendwelche Vorurteile gegenüber den Deutschen bemerkt?

Helga Im Großen und Ganzen nicht.

Karin Da bin ich ja froh, dass das Bild der Deutschen nicht ganz so schlecht ist, wie man annehmen könnte!

Helga Naja, es gibt natürlich auch einige Klischees, die die Engländer über die Deutschen haben, genauso wie ich vorher über die Engländer und England!

Karin Was denn zum Beispiel?

Helga Ach, zum Beispiel die Vorstellung, dass alle Deutschen so sauber und korrekt seien, so früh aufstehen und so viel arbeiten würden. Außerdem hatten sie natürlich schon von der deutschen Gründlichkeit gehört. Aber das Beste war, dass sie gedacht haben, die Deutschen würden sich von Bratwürsten mit Sauerkraut und Schweinebraten mit Klößen ernähren!

die Landschaft (-en)	*scenery, landscape*
was ... anbelangt	*as far as ... is concerned*
das Vorurteil (-e)	*prejudice*
die Vorstellung (-en)	*idea, notion*
das Sauerkraut	*pickled cabbage*
der Schweinebraten (-)	*roast pork*
der Kloß (-̈e)	*dumpling*

Übung 9: Was erzählt Helga über ihren Urlaub in England?

Answer the following questions about Helga's impressions of England. Use reported speech and the **Konjunktiv I**, as in the example, to quote what she said.

Beispiel: Was sagt Helga über Cornwall?
Sie sagt, dass die Landschaft in Cornwall einfach fantastisch sei.

a Was meint sie zu London?
b Was dachte sie anfangs über die Engländer?
c Was sagt sie über ihre eigenen Erfahrungen mit den Leuten?
d Was denken Engländer über die Deutschen?
e Wovon glauben sie, ernähren sich die Deutschen?

Übung 10

Lesen Sie den Text noch einmal und ergänzen Sie

a Helga fand England ...
b Anfangs jedoch dachte sie, dass die Engländer ...
c Dann hat sie aber viele ...
d Das Wetter ist ...
e Sie sagt, viele Engländer denken alle Deutschen würden morgens ...
f Es gibt das Klischee, dass sich die Deutschen von Bratwürsten ...
g Im nächsten Urlaub ...

Grammatik

Adjectival endings

As mentioned in *TIP 2*, there are four categories. You have already seen that adjectives standing on their own don't need any endings and you also practised adjectival endings after the definite article.

Here are the remaining two categories.

1 The adjective is *not* preceded by an article or possessive:

	masculine	feminine	neuter	plural
nom.	-er deutscher Wein	-e englische Musik	-es kaltes Wetter	-e gute Ideen
acc.	-en deutschen Wein	-e englische Musik	-es kaltes Wetter	-e gute Ideen
gen.	-en deutschen Weines	-er englischer Musik	-en kalten Wetters	-en guten Ideen
dat.	-em deutschem Wein	-er englischer Musik	-em kaltem Wetter	-en guten Ideen

Note that in the absence of an article or possessive the adjective takes the endings of the definite article:

Der Wein ist gut. → Deutscher Wein ist gut.
Das Wetter ist schlecht. → Schlechtes Wetter herrscht schon seit Tagen.
Bei dem Wetter bleibe ich zu Hause. → Bei kaltem Wetter bleibe ich zu Hause.

2 The adjective follows an indefinite article or a possessive:

	masculine	feminine	neuter	plural
nom.	-e ein alter Mann	-e eine alte Stadt	-es ein schönes Land	-en meine schönen Bücher
acc.	-en einen alten Mann	-e eine alte Stadt	-es ein schönes Land	-en meine schönen Bücher
gen.	-en eines alten Mannes	-er einer alten Stadt	-en eines schönen Landes	-en meiner schönen Bücher
dat.	-em einem alten Mann	-e einer alten Stadt	-en einem schönen Land	-en meinen schönen Büchern

Note that all plural endings and singular endings in the genitive and dative take -en, as does the masculine accusative.

All other singular endings follow the pattern of the previous table, where the adjective takes the endings of the (absent) definite article:

das Buch → Das ist ein interessantes Buch.

der Film → Oh, das war kein besonderer Film.

For a reminder of the endings on adjectives after the definite article see *TIP 2*.

Note that adjectives in the comparative or superlative – when in front of a noun – follow the pattern of the three categories described:

Die Schweizer haben den höchsten Lebensstandard in Europa.
Humorvollere Leute wirst du kaum finden.
Bayern ist ein reicheres Bundesland als Bremen.

Reported speech

In *TIP 3* you saw that in reporting what someone said you use what is called reported speech. Here are several different examples of reported speech:

a Christiane hat gesagt, Florian Wörle ist mit Birgit Klarmann verheiratet.

b Christiane hat gesagt, dass Florian Wörle mit Birgit Klarmann verheiratet ist.

c Christiane hat gesagt, Florian Wörle sei mit Birgit Klarmann verheiratet.

d Christiane hat gesagt, dass Florian Wörle mit Birgit Klarmann verheiratet sei.

There is little if any difference in meaning between these four sentences. As you can see, in two of the sentences 'dass' introduces the second clause and the verb therefore goes to the end. In two cases the verb is the one you would normally expect (**ist**) and in two other cases it is **sei**, the Konjunktiv I form mentioned in *TIP 3*.

While you may not choose to use the Konjunktiv I forms yourself very often, you do need to be able to recognize them when they occur.

In the Konjunktiv I the irregular and mixed verbs do not undergo vowel changes. You just take the stem of the infinitive and add the appropriate endings as indicated below. Bear in mind that **sein** is an exception:

	spiel-**en**	woll-**en**	werd-**en**	hab-**en**	sein
ich	spiel-**e**	woll-**e**	werd-**e**	hab-**e**	sei
du	spiel-**est**	woll-**est**	werd-**est**	hab-**est**	sei(e)st
er/sie/es	spiel-**e**	woll-**e**	werd-**e**	hab-**e**	sei
wir	spiel-**en**	woll-**en**	werd-**en**	hab-**en**	seien
ihr	spiel-**et**	woll-**et**	werd-**et**	hab-**et**	seiet
sie/Sie	spiel-**en**	woll-**en**	werd-**en**	hab-**en**	seien

Note that the other form of the subjunctive, Konjunktiv II, can also be used in reported speech, particularly in the case of **haben** and **sein**:

Konjunktiv I - Petra hat gesagt, dass Köln sehr schön sei.
Konjunktiv II - Petra hat gesagt, dass Köln sehr schön wäre.

Konjunktiv I - Anna und Frank haben gesagt, dass sie bald Urlaub haben.

Konjunktiv II - Anna und Frank haben gesagt, dass sie bald Urlaub hätten.

In the second example, Konjunktiv II would be preferred, because the Konjunktiv I form happens to be the same as the normal form of the verb.

You will find an overview of Konjunktiv II in the next unit.

Mehr Übungen

1 Wie heißen die Endungen?

Supply the appropriate endings for the adjectives in the following sentences:

i Here the adjective is not preceded by an article or possessive:

(a) Französisch__ Brot schmeckt mir am besten. (b) Ja, aber spanisch__ Wein ist fantastisch. (c) Was hältst du denn von deutsch__ Wein? (d) Tschechisch__ Bier ist unschlagbar. (e) Wichtig__ Feste feiert man mit groß__ Aufwand. (f) Italienisch__ Anzüge sind teuer, aber sehr gut. (g) Ehrlich, englisch__ Kneipen sind einfach toll. (h) Gut__ Abend. (i) Gut__ Nacht.

ii Here the adjectives follow an indefinite article or a possessive:

(a) Für mich ist es ein sehr interessant__ Land. (b) Die Stadt ist durch ihren alt__ Dom weltbekannt. (c) Was? Er ist mit seinem alt__ Fahrrad nach Dänemark gefahren? (d) Von ihrer französisch__ Brieffreundin hat sie lange nichts mehr gehört. (e) Sie warf einen kritisch__ Blick auf die Leute. (f) Die Alpen sind ein beeindruckend__ Gebirge. (g) Haben Sie vielleicht eine englisch__ Zeitung? (h) Einen stark__ Kaffee, bitte. (i) Ich nehme noch ein klein__ Stück. (j) Für mich ein groß__ Bier, bitte.

iii These adjectives are mixed. Note that sometimes no ending is needed.

(a) Nett__ Menschen findet man überall. (b) Still__ Wasser sind oft tief. (c) Vor allem sind ihm die sauber__ Straßen aufgefallen. (d) Erst dachte sie, es ist ein kalt__, verregnet__ Land. (e) Sie ist mit ihrem jünger__ Bruder gefahren. (f) Wien ist die größt__

Stadt in Österreich. (g) Hier kann man oft klassisch__ Musik hören. (h) Das ist ein kompliziert__ Problem. (i) Vorurteile sind dumm__ .

▶ 2 Und jetzt Sie!

Holger und Stefanie sind zwei Deutsche, die schon lange in England leben. Oftmals begegnen sie Vorurteilen oder Klischees bezüglich Deutschlands und der Deutschen. Gerade sprechen sie über ihre Erfahrungen. Übernehmen Sie die folgende Rolle und sprechen Sie mit Hilfe der englischen Hinweise.

Holger   Sag mal, Stefanie, fühlst du dich eigentlich mehr als Engländerin oder als Deutsche?

Stefanie   *Tell him that you have largely adapted to the English way of life, although you have made an effort not to forget your German culture and language.*

Holger   Und wirst du von den Engländern akzeptiert oder hast du auch gegen Vorurteile und Klischees anzukämpfen?

Stefanie   *Tell him that you know they exist, but that luckily you find that they are more the exception than the rule. Tell him that sometimes people ask you about the typical German characteristics such as German thoroughness, or whether the Germans really get up so early in the morning and work so hard.*

Holger   Und was antwortest du auf solche Fragen?

Stefanie   *Tell him that mostly you laugh and say that you are very sceptical as far as these typical German characteristics are concerned, and that you think that one can find them in people of other nationalities as well.*

Lesetext

Die Deutschen – die Reiseweltmeister

Die Reisebranche ist im vergangenen Jahr weiter gewachsen. Und die Deutschen sind von allen Nationen die reiselustigsten: Weltweit wurden annähernd 77 Millionen Ankünfte deutscher Touristen gezählt.

Beliebtestes Reiseziel war Italien, in das fast 10 Millionen Deutsche fuhren, dicht gefolgt von Spanien mit 9,6 Millionen Touristen. Danach folgt unser Nachbar Österreich, immerhin noch mit 9,3 Millionen.

Immer mehr Urlauber nutzen dabei das Flugzeug für ihre Auslandsreisen: Allein von April bis Oktober waren zirka 29 Millionen Menschen von deutschen Flughäfen ins Ausland gestartet, ein Plus von 5,3 Prozent gegenüber dem Vorjahr.

Aber auch immer mehr Touristen reisen nach Deutschland: Im letzten Jahr gab es rund 15,5 Millionen Übernachtungen ausländischer Gäste. Spitzenreiter unter den Gästen waren Besucher aus den Beneluxländern. Daneben kamen 1,3 Millionen Besucher aus den USA und auch viele Gäste aus Großbritannien und der Schweiz.

1 Beantworten Sie die Fragen.
   a Wie oft reisten die Deutschen ins Ausland?
   b Was waren die drei beliebtesten Reiseziele?
   c Welchen Trend konnte man bei den Auslandsreisen feststellen?
   d Wie viele Übernachtungen ausländischer Gäste gab es in Deutschland?

reiselustig	keen on travelling
das Reiseziel (-e)	destination
der Flughafen (¨)	airport
die Übernachtung (-en)	overnight stay
der Spitzenreiter (-)	leader, front runner

09

was tun Sie für die Umwelt?

In this unit you will learn how to
- discuss environmental issues
- talk about hypothetical situations

- use Konjunktiv II and the conditional
- form the passive

▶ Aufnahme 1

Tun wir genug für die Umwelt?

Drei Schüler unterhalten sich mit ihrem Lehrer darüber, ob wir genug für die Umwelt tun und wie man Energie sparen kann.

Hören Sie den folgenden Dialog an und beantworten Sie dann die Fragen in **Übung 1**.

Hier sind einige wichtige Vokabeln.

der Umweltschutz	*environmental protection*
die Erforschung	*research*
die Energiequelle (-n)	*source of energy*
die Atomkraft	*atomic energy*
wegkommen von	*to get away from*

Lehrer   Glaubt ihr, dass Umweltschutz und Energiesparen Sache der Regierung ist, oder dass die Bürger auch etwas dafür tun müssen?

Sascha   Es langt nicht, wenn ich allein etwas tue, auch die Politiker und die Industrie müssten mehr unternehmen. Man sollte mehr Geld für die Erforschung und Nutzung alternativer Energiequellen ausgeben. Außerdem wünsche ich mir mehr Informationen, wo und an welcher Stelle ich Energie noch aktiver einsparen könnte.

Lehrer   Was könnte man denn zum Beispiel tun, um mehr Strom zu sparen?

Ela   Das mit dem Strom ist so eine Sache. Von Atomkraft sollte man auf Dauer ganz wegkommen. Biomasse könnte doch mehr genutzt werden. Erneuerbare Energien sind meiner Meinung nach langfristig sowieso viel sinnvoller. Abgesehen davon müsste die Sonnenenergie stärker genutzt werden – das wäre vielleicht auch eine ganz gute Alternative.

Andreas   Ich denke auch, dass wir allgemein einfach mehr mit Solarenergie oder anderen Energiequellen arbeiten sollten, die viel umweltfreundlicher sind.

Lehrer   Wie spart ihr denn zu Hause Energie?

Sascha   Wenn ich aus meinem Zimmer gehe, mache ich den Computer und das Licht aus. In der Küche haben wir nur wenige automatische Geräte, wir machen das meiste mit der Hand. Das Radio machen wir auch immmer aus, wenn wir es nicht mehr brauchen.

Ela Wir haben einen speziellen Zähler an der Heizung, der uns anzeigt, wie viel Energie wir verbrauchen. Außerdem haben wir Solarzellen auf dem Dach und Energiesparlampen im Haus. Ich glaube aber, dass allgemein noch zu wenig getan wird.

Lehrer Und was haltet ihr davon, auf das Autofahren zu verzichten, um Energie zu sparen?

Andreas Ich finde, man kann einiges an Energie sparen, wenn man mit dem Bus fährt, anstatt jeder für sich mit dem eigenen Auto. Außerdem gibt es inzwischen auch spezielles Pflanzenöl, mit dem man die Autos betreiben könnte.

Ela Die Autos könnte man auch abschaffen. Was man da an Sprit sparen würde – das wäre eine tolle Maßnahme! Oder vielleicht Solarautos – das wäre auch super.

[aus: Izzze-Blitz - Das Jugendmagazin der Stromversorger]

Übung 1: Richtig oder falsch?

Korrigieren Sie die falschen Aussagen.

a Sascha denkt, dass Politiker und Industrie genug für den Umweltschutz tun.
b Er fordert mehr Geld für die Erforschung alternativer Energien.
c Ela ist der Meinung, dass wir von Atomkraft nicht wegkommen werden.
d Zuhause sparen Ela und Sascha keine Energie.
e Ela denkt, dass im Allgemeinen nicht genug getan wird.
f Andreas meint, es wäre gut, wenn Leute mehr den Bus benutzen würden.

jemandes Sache sein	*to be of someone's concern*
die Nutzung	*use*
die Biomasse	*biomass*
erneuerbar	*renewable*
die Sonnenenergie	*solar energy*
die Solarenergie	*solar energy*
elektrische Geräte (pl.)	*electrical appliances*
der Zähler (-)	*meter*
der Sprit	*petrol* (coll.)

Übung 2: Was passt am besten?

Lesen Sie den Dialog noch einmal und finden Sie ein Wort, das passt.

a Tun wir wirklich genug für den _____?
b Alternative _____ sollten besser erforscht werden.
c Viele denken, dass die _____ gefährlich für die Umwelt ist.
d Die Solarenergie gilt dagegen als _____.
e Auf einigen Häusern gibt es schon _____ auf den Dächern.
f Im Haus kann man zum Beispiel _____ verwenden.
g Ein anderes Wort für Benzin ist _____.

TIP 1: Environment-related vocabulary

You might feel overwhelmed by all the new vocabulary on environmental issues. But don't despair – many of these words are similar to English, as you've probably already noticed, e.g. **Solar-** solar, **das Atom** atom. Quite a few also contain combinations of two or more elements, many of which you will already know or be able to recognize, e.g. **die Solarenergie** solar energy, **das Solarauto** solar car, **die Biomasse** biomass.

TIP 2: Konjunktiv II (b)

In the previous two units you've already learned about two situations in which the subjunctive form of a verb (ie. **wäre**, **hätte**) is used in German: in sentences where people want to add a tone of politeness and in reported speech when a person is being quoted.

Another function of Konjunktiv II is to express ideas and situations which are not real but just imagined:

Dann hätte ich mehr Zeit.	Then I would have more time.
Das wäre vielleicht eine Alternative.	This would perhaps be an alternative.
Man könnte mehr Energie sparen.	One could save more energy.

As you can see, in addition to the verbs **haben** and **sein**, **modal verbs** are often in the subjunctive.

Note that the subjunctive is also used in conditional sentences to express situations in which people imagine events which are fairly hypothetical:

Wenn ich viel Geld hätte, würde ich morgen auf die Bahamas fliegen.

Wenn ich Bundeskanzler wäre, würde ich mehr für die Umwelt tun.

For more details, see the grammar section.

There are quite a few examples of Konjunktiv II in the dialogue. Can you find at least ten?

Übung 3: Kombinieren Sie

Bilden Sie neue Wörter.

> -energie -masse -kraft -schutz -sparen -quellen
> -sparlampe -energie -zelle

a Umwelt*schutz*   **d** Atom_____   **g** Sonnen_____
b Energie_____   **e** Energie_____   **h** Solar_____
c Energie_____   **f** Bio_____   **i** Solar_____

Note that sometimes more than one combination is possible: **Atommasse, Atomenergie.**

Übung 4: Was würde Herr Paul machen, wenn er …

Write down what Herr Paul would do under the following circumstances.

Beispiel: mehr Zeit hätte? → (Chinesisch lernen)
Wenn Herr Paul mehr Zeit hätte, würde er Chinesisch lernen.

a in der Stadt seiner Wahl leben könnte? → (in San Francisco)
b im Lotto gewinnen würde? → (eine Weltreise machen)
c in die Vergangenheit reisen könnte? → (in die Antike fahren)
d mit einem Popstar essen gehen könnte? → (am liebsten mit Madonna)
e eine bekannte Person interviewen könnte? (am liebsten Michael Schumacher)
f in einem Film mitspielen könnte? → (im neuesten James Bond-Film)

Und Sie? Was würden Sie machen? Now go through the questions again, this time answering for yourself.

Beispiel: **a** Wenn ich mehr Zeit hätte, würde ich …
           b Wenn ich in der Stadt meiner Wahl leben könnte, würde ich …

▶ Aufnahme 2

Roland – der Umweltflegel

Roland, ein junger Mann, hat im Park eine Dose auf die Wiese geworfen. Eine ältere Frau, die sehr umweltbewusst ist, konfrontiert ihn.

Hören Sie den Dialog an und unterstreichen Sie die richtige Antwort.

Übung 5

a Roland hat eine Coladose/Wasserdose/Bierdose auf die Wiese geworfen.

b Er sagt, die Müllarbeiter/Parkarbeiter/Parkwächter sollen etwas für ihr Geld tun.

c Außerdem hat er den Mund/den Hals/die Nase voll von all dem Recycling.

d Die Frau antwortet, Recycling ist eine sinnvolle/wichtige/gute Sache.

e Roland soll zum Kiosk/zum Container/Mülleimer rennen.

f Er könnte die Dose in die Tasche/Jacke/Hose packen.

g Roland sagt, dazu sei das Leben zu schön/amüsant/kurz.

der Flegel (-)	lout
umweltbewusst	conscious of the environment
die Auffassung (-en)	attitude
ersticken	to suffocate
die Müllhalde (-n)	rubbish tip
schwafeln	to waffle
die Nase voll haben	to have had enough
jemanden auf den Arm nehmen	to pull someone's leg
entsorgen	to dispose of
jemanden bekehren	to convert someone
sich täuschen	to be wrong about something
die Moralpredigt (-en)	(moralizing) lecture

Übung 6: Was passt zusammen?

Verbinden Sie die passenden Satzteile.

a Wenn jeder so denken würde wie Sie,
b Sind Sie auch so eine,
c Davon habe ich die Nase
d Wenn wir jetzt nichts tun,
e Für Ihre Moralpredigten
f Und jetzt lassen Sie mich

i wie sieht das Leben für unsere Kinder aus?
ii habe ich keine Zeit.
iii in Ruhe.
iv dann würden wir bald im Müll ersticken.
v die dauernd von Recycling schwafelt?
vi schon lange voll.

▶ Übung 7: Sagen Sie's auf Deutsch!

Wenn Sie nicht sicher sind, wie die Ausdrücke heißen, können Sie den Dialog auf Seite 169 lesen. Überprüfen Sie dann Ihre Antworten auf der Audioaufnahme.

a What business is that of yours?
b It's all too late anyway.
c Are you pulling my leg?
d All that nonsense …
e Leave me alone now!

🛈 The environment

Germany has long been known for its environmental awareness. It is no coincidence that Germany's Green Party, **Bündnis 90/Die Grünen**, is amongst the strongest environmental parties in the world. Founded in 1979 in reaction to the lack of interest in the environment on the part of the major political parties, it has since become a major influence and has taken part first in local, then in regional and in recent years in the federal government.

More information:
http://www.gruene.de
http://www.dino-online.de/gesellschaft/umwelt/index.htm

TIP 3: **Forming the passive**

When talking about environmental issues or recycling you will often come across the passive. You may already be aware that the passive in German is mostly formed with the verb **werden** + a past participle.

Der Müll wird alle zwei Wochen abgeholt.	*The rubbish is collected every two weeks.*
Der Müll ist gerade abgeholt worden.	*The rubbish has just been collected.*
Sein altes Auto wurde recycelt.	*His old car was recycled.*

Here is an example from the next recording where you can see that a sentence can have more than one verb in the passive voice:

In Deutschland wird jetzt alles getrennt gesammelt und dann wieder verwertet oder umweltfreundlich entsorgt.
In Germany everything is now separated before collection (lit. collected separated) and then recycled or disposed of in an environmentally friendly manner.

For more information, see the grammar section later in this unit.

▶ Aufnahme 3

Andere Länder – andere Sitten

Frau Müller hat einen neuen Untermieter, Herrn Schmitt, der seit längerer Zeit nicht mehr in Deutschland war und daher mit dem neuen Prinzip der Müllentsorgung noch nicht vertraut ist.

Hören Sie die Audioaufnahme an und beantworten Sie dann die Fragen in **Übung 8**. Was ist alles neu für ihn?

Übung 8

a Hat Herr Schmitt schon von der Müllsortierung gehört?
b Wie viele Tonnen hat Frau Müller in ihrer Garage stehen?
c In welche Tonne kommt das Altpapier?
d Was – sagt Frau Müller – kann jetzt jeder machen?

e Was passiert, wenn man bei der Mülltrennung nicht mitmacht?

f Wohin kommen die Blechdosen und alte Flaschen?

Frau Müller Und mit der Müllsortierung wissen Sie ja Bescheid, Herr Schmitt, oder?

Herr Schmitt Ich habe schon darüber gelesen – es hört sich aber komisch an. Vielleicht habe ich es ja auch falsch verstanden? Wie Sie sich vorstellen können, hat man in Südamerika andere Sorgen, als sich um den Müll zu kümmern.

Frau Müller Ja, also hier sieht das ganz anders aus. Kommen Sie mal mit! (*Führt ihn zur Garage, wo drei verschiedene Tonnen stehen.*)

Herr Schmitt Machen Sie Witze? Wozu braucht man denn drei Tonnen? Das erscheint mir aber alles sehr merkwürdig.

Frau Müller Gar nicht! In Deutschland wird jetzt alles getrennt gesammelt und dann wieder verwertet oder umweltfreundlich entsorgt.

Herr Schmitt Das kann ich mir aber überhaupt nicht vorstellen. Wie soll denn das funktionieren?

Frau Müller Ganz einfach, Herr Schmitt. Die blaue Tonne hier ist für Papier. Die braune Tonne ist für Biomüll und der Sack ist für alle Verpackungen, die den Grünen Punkt aufweisen. Alles wird im Wechsel vierzehntägig abgeholt.

Herr Schmitt Ist das denn nicht ungeheuer zeitaufwendig?

Frau Müller Eigentlich nicht. Sie werden sich schon schnell daran gewöhnen. Auf jeden Fall kann jetzt jeder was für die Umwelt tun – auch Sie!

Herr Schmitt Aber wäre es denn nicht besser, Müll erst gar nicht zu produzieren, als ihn dann hinterher zu sammeln und nicht zu wissen, wohin damit?

Frau Müller Naja, natürlich. Aber mit diesem System ist zumindest mal ein Anfang gemacht. Und mitmachen müssen Sie auf jeden Fall – es kostet nämlich eine schöne Stange Geld, wenn man den Müll nicht sortiert!

Herr Schmitt Und was ist denn eigentlich das da drüben?

Frau Müller Ach ja, das sind die Container für Blechdosen, Glas und Altbatterien. Wenn Sie außerdem Sondermüll wie Farben oder Lacke haben, müssen Sie zur Sammelstelle fahren.

Herr Schmitt   Na, das kann ja heiter werden!

andere Länder, andere Sitten	*when in Rome, do as the Romans do* (lit. *other countries, other customs*)
die Mülltrennung	*separation of waste*
die Müllsortierung	*sorting of waste*
die Tonne (-n)	here: *rubbish bin*
wieder verwerten	*to recycle*
entsorgen	*to dispose of*
eine schöne Stange Geld	*a small fortune*
der Lack (-e)	*varnish*
das kann ja heiter werden	(ironical) *that will be fun*

Übung 9: Wie heißt das?

Finden Sie im Text die deutschen Wörter für:

a packages
b tin, can
c hazardous waste
d used batteries
e paint
f collecting point/dump

Übung 10: Lesen Sie den Dialog noch einmal und ergänzen Sie

a Herr Schmitt findet die Müllsortierung …
b In Südamerika hat man andere Sorgen, als …

c Frau Müller erklärt, dass der Müll in Deutschland …
d Alte Zeitungen kommen in …
e In die braune Tonne kommt …
f Der Rest kommt …
g Sondermüll muss zur …
h Für Glas gibt es …
i Frau Müller denkt, dass jetzt jeder …

Grammatik

Konjunktiv II – Summary

In the last few units you have come across various situations in which the Konjunktiv II is used in German. Here is a short overview.

It is used:

1 to add a degree of politeness
2 in reported speech
3 to express hypothetical situations and ideas
4 in connection with **wenn** in conditional sentences

Remember that it is mostly **haben** and **sein** and the **modal verbs** that are used in the subjunctive. You can find a list of their forms in the grammar section of Unit 7.

For most other verbs – especially in spoken German – the Konjunktiv II form of **werden**, namely **würde(n)**, is used together with the infinitive:

Wenn ich im Lotto gewinnen würde, …
Wenn du weniger rauchen würdest, …
Wenn wir weniger Müll produzieren würden, …

Nevertheless, you will still find other verbs in the subjunctive form, especially in written texts, such as newspaper articles or novels. To help you recognize them, here are some tips on how these verbs form the Konjunktiv II:

Regular verbs are identical with their simple past tense, i.e.:

ich hörte, er spielte, wir arbeiteten

The Konjunktiv II form of most irregular verbs is formed from their past simple tense, by adding the appropriate endings, as indicated below. Note also that an umlaut is added whenever possible:

Infinitive	fahren	kommen	gehen	wissen
Präteritum Simple past	fuhren	kamen	gingen	wussten
ich	führ-**e**	käm-**e**	ging-**e**	wüsst-**e**
du	führ-**est**	käm-**est**	ging-**est**	wüsst-**est**
er/sie/es	führ-**e**	käm-**e**	ging-**e**	wüsst-**e**
wir	führ-**en**	käm-**en**	ging-**en**	wüsst-**en**
ihr	führ-**et**	käm-**et**	ging-**et**	wüsst-**et**
sie/Sie	führ-**en**	käm-**en**	ging-**en**	wüsst-**en**

Here is one example for the use of **wissen** in the subjunctive:

Ich wüsste gern, wann der nächste Zug nach Berlin fährt. *I should like to know when the next train goes to Berlin.*

Note also that the Konjunktiv II is used in some expressions like:

Wenn ich du wäre, würde ich … *If I were you, I would …*
An deiner Stelle würde ich … *In your position, I would …*

The passive

One area that needs frequent revision is the passive. As you saw in *TIP 3* the passive is formed with the verb **werden** in the appropriate tense together with the past participle of the verb in question:

Present: Das Essen wird gerade gekocht.
The meal is just being cooked.

Simple past: Das Buch wurde von Heine geschrieben.
The book was written by Heine.

Perfect: Die Rechung ist bezahlt worden.
The bill has been/was paid.

Note that in the perfect passive the past participle of **werden** is simply **worden** and has no **ge-** prefix. As is usual with the perfect in German, the perfect form of the passive can be used for events that happened in the distant past:

Dieses Haus ist 1666 gebaut worden.
This house was built in 1666.

Remember also that **von** is the German equivalent to the preposition *by* – which you often need when you use the passive:

> Von wem wurde das Buch geschrieben?
> *Who was the book written by?*

If you want to express the meaning of *by means of* then **durch** is more appropriate:

> Durch Solarzellen wird umweltfreundliche Energie erzeugt.
> Lit.: *Through solar cells environmentally friendly energy is generated.*

Here are two more *TIP*s you might find useful when dealing with the passive:

EXTRA TIP 1: **Passive of dative verbs**

Verbs which in German are followed by the dative, such as **helfen**, **raten**, **gratulieren** and **folgen**, cannot be made passive in the usual way. It is, however, possible to produce a kind of passive, if the dative object is retained:

Mir wurde von einem Freund geholfen.	*I was helped by a friend.*
Ihr wurde geraten, gesünder zu leben.	*She was advised to live more healthily.*
Ihnen wurde zu ihrer Hochzeit gratuliert.	*They were congratulated on their wedding.*

EXTRA TIP 2: **Use of *man***

The pronoun **man** is often used in German where a passive would be more common in English:

Hier spricht man Deutsch.	*German spoken here.*
Man glaubt, dass ...	*It is thought that ...*
So was macht man eben nicht.	*That sort of thing is just not done.*

Mehr Übungen

1 Geben Sie Ratschläge

Give appropriate advice for some of your friends. Use **Wenn ich du wäre** or **An deiner Stelle** to start your answer. Feel free to suggest your own solutions. The versions we give in the Key are just examples of possible answers.

Beispiel: Ich kann nachts schlecht einschlafen.
Wenn ich du wäre, würde ich weniger Kaffee trinken.
or
An deiner Stelle würde ich autogenes Training machen.

a Ich fühle mich total gestresst.
b Ich bin durch ein Examen gefallen.
c Ich bin nicht mehr mit meiner Arbeit zufrieden.
d Ich habe den Eindruck, dass ich immer dicker werde.
e Mein Freund/Meine Freundin sagt, dass ich einen langweiligen Musikgeschmack habe.
f Mein Freund/Meine Freundin sagt, dass ich langweilig aussehe.

2 Wissen Sie noch?

Beantworten Sie die Fragen in ganzen Sätzen. Im Schlüssel finden Sie Beispiele für mögliche Antworten.

Beispiel: Was wird durch Energiesparlampen erreicht?
Durch Energiesparlampen wird Strom gespart.

a Was wird durch Solarzellen erzeugt?
b Was wird mit Altglas gemacht?
c Wohin werden Blechdosen gebracht?
d Und wohin wird der Sondermüll gebracht?
e Wann wurde die Partei „Die Grünen" gegründet? (siehe **i** Seite 135)
f Sind Sie der Ansicht, dass genug für die Umwelt getan wird?
g Was könnte noch für die Umwelt getan werden?

▶ 3 Und jetzt Sie!

John, ein britischer Student, der gerade in Deutschland angekommen ist, redet mit Volker, einem deutschen Studenten, über die Müllsortierung. Spielen Sie mit Hilfe der englischen Anregungen die Rolle von Volker.

John Du, wie funktioniert eigentlich diese Müllsortierung?

Volker *Tell him that there is a brown bin for organic waste, a blue one for paper, and a plastic bag for all packages which bear the 'Green Dot', and that everything gets collected fortnightly on a rota system.*

John Funktioniert das denn? Das kann ich mir gar nicht vorstellen. Macht denn da jeder mit?

Volker	*Tell him yes, most people do join in. If you don't join in, you pay heavy fines. And there are information leaflets, and so on, available to inform the population. Ask him if there are actually many differences between Germany and England.*
John	Oh ja, in England wird zwar auch etwas für die Umwelt getan, aber nicht so viel wie hier. Aber hat das alles denn überhaupt einen Sinn, oder ist es nicht schon zu spät für die Erde?
Volker	*Tell him that you believe recycling is a very useful measure because if nothing is done for the environment now, what will the earth be like for children of the future?*
John	Aber ist es denn nicht besser, Müll zu vermeiden, anstatt ihn hinterher zu entsorgen?
Volker	*You say yes of course, but at least it's a start.*

Lesetexte

Umwelt

The short article overleaf is about the problem of forests dying off in Germany. To help you understand the text, here is some of the key vocabulary:

schädigen	*to harm, damage*
die Buche (-n)	*beech tree*
die Eiche (-n)	*oak tree*
das Blatt (-ˮer)	*leaf*
die Nadel (-n)	*needle*
der Trost	*consolation, comfort*

Now try to find out the main points of the text:

a Has the situation with regard to Germany's forests worsened or improved in the last few years?
b What percentage of trees are regarded as damaged?
c When is a tree defined as being damaged?
d Which trees are especially badly hit?

Waldsterben

Neue Studien geben wenig Anlass zur Hoffnung. Zwar ist das Waldsterben in den letzten Jahren leicht zurückgegangen, doch sind die Zahlen immer noch schockierend: Etwa 20% aller Bäume gelten als deutlich geschädigt. Als deutlich geschädigt werden die Bäume definiert, die mindestens ein Viertel ihrer Nadeln oder Blätter verloren haben.

Obwohl es dem Wald insgesamt etwas besser geht, hat sich der Zustand insbesondere der Eichen dramatisch verschlimmert: Als deutlich geschädigt gelten mittlerweile fast 50% all dieser Bäume. Auch etwa ein Drittel aller Buchen gehört in diese Kategorie. Nur 42% aller Bäume sind noch gesund. Besonders schlimm sind die Quoten in Thüringen, Hessen und Rheinland-Pfalz. Ein kleiner Trost: Der Anteil des Waldes an der Gesamtfläche der Bundesrepublik ist mit etwa 30 Prozent konstant geblieben.

Mülltrennung

The second reading comprehension passage is about what young Germans think should be done to reduce the amount of rubbish that is generated. Read the texts and do the exercise on the following page.

Danilo, 14

Das mit der Mülltrennung finde ich voll okay. Ist ja auch wirklich keine große Aktion, die Sachen in verschiedene Mülleimer zu werfen. Letztendlich machen wir das ja für uns, denn wenn es keine Rohstoffe mehr gibt, können wir nicht überleben.

Julian, 11

Wir haben nur Getränke in Mehrwegflaschen, Joghurt in Gläsern und andere Dinge mit möglichst wenig Verpackung. Schon bei uns auf der Grundschule haben wir gelernt, wie wichtig Mülltrennung und vor allem Müllvermeidung ist, um Rohstoffe zu sparen.

Denise, 13

Ich werfe nie Müll auf die Straße und
fände es gut, wenn jeder bewusster mit
der Umwelt umgehen würde. Verpackungen
sind oft viel zu aufwendig. Bei Geburtstags-
geschenken möchte man schon eine schöne
Verpackung haben, aber da gibt es ja auch
Möglichkeiten, diese wieder zu verwerten.

der Mülleimer	*rubbish bin*
der Rohstoff (-e)	*raw material*
die Mehrwegflasche (n)	*reusable bottle*
die Verpackung (-en)	*packaging*
die Vermeidung	*avoidance*
bewusst	*conscious*
umgehen mit	*to deal with*
aufwendig	*lavish*
die Mülltrennung	*sorting of rubbish*

1 Wer sagt das? Und wie heißt das im Text?

Beispiel: Wir benutzen nur Flaschen, die man wiederverwenden
kann.
Julian: Wir haben nur Getränke in Mehrwegflaschen.

a Es wäre gut, wenn man mehr für die Umwelt machen würde.
b Die Lehrer haben uns erklärt, wie wichtig die Mülltrennung
ist.
c Den Müll zu sortieren ist keine große Arbeit.
d Ich bin für die Mülltrennung.

10 Deutschland heute

In this unit you will learn how to

- talk about newspapers and magazines
- do a quiz on the German political structure
- express an opinion on economic issues

- form relative clauses
- identify adjectival and weak nouns

▶ Aufnahme 1

FrankfurterRundschau

 die tageszeitung

Mindener Tageblatt

DIE ⓩ ZEIT

Herr Hinschken arbeitet als Journalist in Hamburg. Im folgenden Interview spricht er über die wichtigsten Zeitungen und Zeitschriften in der Bundesrepublik Deutschland.

Hören Sie, was er sagt, und beantworten Sie dann die Fragen in Übung 1.

das Blatt (-¨er)	here: *paper*
das Qualitätsblatt (-¨er)	*quality paper, broadsheet*
die Boulevardzeitung (-en)	*tabloid*
die Auflage (-n)	here: *circulation*
die Zeitschrift (-en)	*magazine, journal*

Der deutschsprachige Zeitungsmarkt ist einer der größten der Welt. Insgesamt gibt es fast 400 Tageszeitungen in Deutschland, mit einer täglichen Druckauflage von etwa 30 Millionen Exemplaren.

Anders als zum Beispiel in Großbritannien dominieren Lokal- und Regionalzeitungen den Markt. Diese Zeitungen berichten ausführlich über Ereignisse in der entsprechenden Region, haben aber auch Welt- und Wirtschaftsnachrichten. Jemand, der beispielsweise in Hamburg lebt, wird also vielleicht das *Hamburger Abendblatt* kaufen, das sehr detailliert darüber berichtet, was in Hamburg und in der Umgebung von Hamburg passiert, in dem es aber auch ausführliche Berichte über Ereignisse in Deutschland, im Ausland und zum Beispiel Wirtschafts- und Kulturnachrichten gibt.

Wer sich noch weiter informieren möchte, wird dann vielleicht noch eine der überregionale Zeitungen lesen, die man in ganz Deutschland bekommen kann: die *Süddeutsche Zeitung*, die *Frankfurter Rundschau*, die *Frankfurter Allgemeine Zeitung* oder *Die Welt*. Die letzten beiden gelten als konservativ, während die *Süddeutsche Zeitung* und die *Frankfurter Rundschau* eher linksliberal sind.

All diese Zeitungen könnte man als Qualitätsblätter bezeichnen. Daneben gibt es dann die so genannten Boulevardzeitungen. Am bekanntesten ist dabei die *Bild*-Zeitung, die eine Auflage von etwa 4,5 Millionen hat und damit die am meisten verkaufte Zeitung in Deutschland ist.

Außer Tageszeitungen gibt es auch noch Sonntags- und Wochenzeitungen. Die bekanntesten Wochenzeitungen sind *Die Zeit* und *Die Woche*, die beide aus Hamburg kommen. Sonntagszeitungen spielen eine weit geringere Rolle als in Großbritannien, da die meisten Redaktionen einen Ruhetag haben und viele Zeitungen sonntags nicht erscheinen.

Neben Zeitungen gibt es natürlich auch einen riesigen Zeitschriftenmarkt. Gewinner der letzten Jahre waren vor allem Computerzeitschriften, Magazine für Essen und Trinken und Zeitschriften über Motorsport. Bekannt sind aber auch Nachrichtenmagazine, wie *Focus* oder *Der Spiegel*, der schon seit 1947 auf dem Markt ist.

Wer gerne liest, für den ist das Internet eine wahre Fundgrube: Mittlerweile gibt es Hunderte von Zeitungen und Zeitschriften, von einem Lokalblatt wie der *Schweriner Volkszeitung* bis zum *Spiegel* oder *Stern*.

Übung 1

a Wie viele verschiedene Zeitungen erscheinen täglich in Deutschland?
b Was ist typisch für Lokal- und Regionalzeitungen?
c Wo steht die *Frankfurter Allgemeine Zeitung* politisch?
d Wie hoch ist die Auflage der *Bild*-Zeitung?
e Was für Zeitschriften haben in den letzten Jahren viele neue Leser gewonnen?
f Seit wann gibt es das Nachrichtenmagazin *Der Spiegel*?

das Ereignis (-se)	event
marktdominierend	dominating the market
regional	regional
überregional	national, nationwide
ausführlich	detailed
gelten als	to be regarded as
das Exemplar (-e)	copy
die Redaktion (-en)	editorial staff, editorial board

Übung 2: Was passt am besten?

Lesen Sie das Interview noch einmal und finden Sie ein Wort, das passt.

a Es gibt fast 400 _____ in Deutschland.
b Marktdominierend sind die Lokal- und _____.
c Ein Beispiel für eine _____ Zeitung ist die *Süddeutsche Zeitung*.
d Politisch ist die *Süddeutsche Zeitung* eher _____.
e Die *Bild*-Zeitung ist die meistverkaufte _____.
f Sie hat eine _____ von etwa 4,5 Millionen _____.
g *Focus* und *Der Spiegel* sind bekannte _____.
h Mittlerweile kann man viele _____ und _____ im Internet lesen.

***TIP 1*: Newspapers and abbreviations**

Many titles of German newspapers tend to be rather long, so it's quite common to use abbreviated forms. Here are some examples:

Frankfurter Allgemeine Zeitung	FAZ
Frankfurter Rundschau	FR
Hamburger Morgenpost	Mopo

Hannoversche Allgemeine Zeitung	HAZ
Süddeutsche Zeitung	SZ
die tageszeitung	taz
Westdeutsche Allgemeine Zeitung	WAZ

Note also that German newspapers are usually feminine, so one would say **Eine Bild**, **bitte** or **Ich möche eine HAZ**.

TIP 2: Relative clauses

A relative clause is a type of subordinate clause, in which more information about a specific item in the main clause is given. Here are three examples:

Bekannt ist auch *Der Spiegel*, der seit 1947 auf dem Markt ist.

Am bekanntesten ist die *Bild*, die eine Auflage von etwa 4,5 Millionen hat.

Focus ist ein Nachrichtenmagazin, das aus Berlin kommt.

As you can see, the second clause refers directly to the noun in the first part and provides you with more details: for example, about *Bild*, which has a circulation of about 4.5 million, or about *Der Spiegel*, which has been on the market since 1947.

A relative clause is usually introduced by a relative pronoun (equivalent to 'who', 'that' or 'which' in English). In the nominative case the pronouns are quite straightforward:

der for masculine, **das** for neuter and **die** for feminine and plural nouns.

You probably won't be surprised to find that in a relative clause – as with most subordinate clauses – the verb goes to the end.

*There are two examples of relative plural clauses in **Aufnahme 1**. Can you find them?*

Übung 3: Wie heißen die Zeitungen?

Wissen Sie die vollen Namen für die folgenden Abkürzungen?

Beispiel   FR – *Frankfurter Rundschau*

a taz – _____
b FAZ – _____
c Mopo – _____
d SZ – _____
e WAZ – _____

Übung 4: Verbinden Sie

a Überregionale Zeitungen sind Zeitungen,
b Lokalzeitungen sind Blätter,
c Die FAZ ist eine Zeitung,
d Wochenzeitungen sind Zeitungen,
e Boulevardblätter sind Zeitungen,
f *Der Spiegel* ist ein Nachrichtenmagazin,

i   die einmal pro Woche erscheinen.
ii   die oft viel Sex und Crime haben.
iii das es seit 1947 gibt.
iv   die man in ganz Deutschland kaufen kann.
v   die aus Frankfurt kommt.
vi   die viel über die eigene Region berichten.

▶ Aufnahme 2

Deutschland-Quiz

In der nächsten zwei Übungen können Sie Ihr Wissen über Deutschland testen. Lesen Sie zunächst die acht Quizfragen und entscheiden Sie dann jeweils, welche Antwort stimmt. Hören Sie dann die Audioaufnahme und überprüfen Sie, ob Sie Recht hatten.

NB Some of the details provided in **Aufnahme 2** might of course change. For up-to-date information on various aspects of Germany, see **http://www.deutschland.de**

Übung 5

1 Flächenmäßig ist Deutschland
   a größer als Frankreich
   b etwa so groß wie Frankreich
   c deutlich kleiner als Frankreich

2 Deutschland hat eine Grenze mit
   a 8 Ländern
   b 9 Ländern
   c 10 Ländern

3 Das Parlament heißt
   a Bundesrat
   b Bundestag
   c Reichstag

4 Abgeordnete gibt es
   a 498
   b 556
   c 656

5 Bundesländer gibt es
   a 12
   b 14
   c 16

6 Die meisten Menschen
   wohnen in
   a Bayern
   b Berlin
   c Nordrhein-Westfalen

7 Die meiste politische
   Macht hat
   a der Bundespräsident
   b der Bundeskanzler
   c der Bundestags-
     präsident

8 Die politische Struktur
   ist
   a föderalistisch
   b zentralistisch
   c dezentralisiert

bevölkerungsreich	densely populated
flächenmäßig	in area
der Ballungsraum (¨-e)	conurbation
der/die Abgeordnete*	member of parliament
verfassungsgemäß	constitutional
das Grundgesetz (-e)	Basic Law/the German constitution
ernennen	to appoint
entlassen	to dismiss
der Grundpfeiler (-)	cornerstone

* for the plural forms see *TIP 3*

Übung 6

Beantworten Sie die folgenden Fragen.

a Welches ist das größte Bundesland?
b Wie heißt das kleinste?
c Wie werden Hamburg und Bremen genannt?
d Wie oft gibt es Wahlen zum Bundestag?
e Was für Aufgaben hat der Bundespräsident?
f Was ist ein Grundpfeiler der politischen Struktur Deutschlands?

▶ Übung 7: Sagen Sie's auf Deutsch!

a Welcome to a new edition of ...
b Our first topic today is Germany.
c Now, just imagine a map of Europe...
d As you know, Germany consists of 16 Bundesländer.
e If I would ask you ...
f Altogether there are nine countries ...
g But how many members does the Bundestag actually have?
h More about this in the next week.

Guten Morgen, liebe Zuhörer!

TIP 3: **Adjectival nouns**

You may have noticed in the vocabulary list that **der/die Abgeordnete** *member of parliament* is asterisked as being a bit different from other nouns. It is in fact one of several nouns in German that take endings like adjectives:

masc.	der Abgeordnet**e**	ein Abgeordnet**er**
feminine	die Abgeordnet**e**	eine Abgeordnet**e**
plural	die Abgeordnet**en**	- Abgeordnet**e**

Other nouns that behave like this include:

der/die Deutsche *German*   **der/die Kranke** *sick person, patient*

der/die Bekannte *acquaintance*   **der/die Verlobte** *fiancé(e)*

For further details, see the grammar section.

▶ Aufnahme 3

Im folgenden Interview spricht Frau Matthiesen von der Industrie- und Handelskammer (Chamber of Commerce) über die wirtschaftliche Situation in Deutschland.

Hören sie die Audioaufnahme an und entscheiden Sie, ob die folgenden Aussagen richtig oder falsch sind. Korrigieren Sie dann die falschen Aussagen.

Übung 8

a Deutschland ist eine der führenden Industrienationen der Welt.

b Der Motor der Wirtschaft waren die Banken und Versicherungen.

c Deutschland importiert mehr als es exportiert.

d Die USA sind der wichtigste Handelspartner.

e In Deutschland werden nicht genug neue Jobs geschaffen.

f Viele Firmen denken noch nicht global genug.

Journalist   Frau Matthiesen, die Bundesrepublik gehört zu den international führenden Industrienationen. In welchen Bereichen ist die deutsche Wirtschaft denn besonders stark?

Matthiesen   Nun, traditionell im produzierenden Gewerbe, das für Jahrzehnte sozusagen das Herz und der Motor der deutschen Wirtschaft war. Als erstes wäre hier natürlich die Autoindustrie zu nennen, mit Betrieben wie Volkswagen, BMW und natürlich Mercedes-Chrysler, die alle weltweit bekannt sind. Neben der Automobilindustrie spielen andere Wirtschaftszweige wie der Maschinenbau oder auch die chemische Industrie eine große Rolle.

Journalist   Wie wichtig ist denn der Export für die deutsche Industrie?

Matthiesen   Deutschland ist primär ein exportorientiertes Land. Nehmen Sie zum Beispiel die Autoindustrie, die mehr als 60% ihrer Produkte ausführt. Jeder dritte Arbeitsplatz in Deutschland ist vom Export abhängig.

Journalist   Und welches sind die wichtigsten Handelspartner Deutschlands?

Matthiesen   Am wichtigsten sind die Länder der EU, in die annähernd 60% der Ausfuhren gehen. Nordamerika und der asiatisch-pazifische Raum spielen etwa eine gleich wichtige Rolle.

Journalist   Die deutsche Wirtschaft hat in den letzten Jahren aber auch mit vielen Problemen zu kämpfen gehabt.

Matthiesen   Richtig. Insbesondere ist die hohe Arbeitslosigkeit ein Grund zur Besorgnis. Hier gibt es strukturelle Defizite in Deutschland. Daneben ist es uns auch nicht gelungen, im Dienstleistungssektor ähnlich viele neue Arbeitsplätze zu schaffen wie etwa die USA oder Großbritannien.

Journalist	Und wie sehen Sie die Zukunft für die deutsche Wirtschaft?
Matthiesen	Im Zuge der Globalisierung wird es für die Betriebe immer wichtiger werden, international präsent zu sein. Viele Firmen, vor allem in der Autoindustrie, aber auch die Banken und Versicherungen haben das verstanden und ihre internationale Präsenz verstärkt. Ich bin daher recht optimistisch, was die Zukunft angeht.

Übung 9: Wie heißt das?

Finden Sie die deutschen Wörter für:

a manufacturing industry
b mechanical engineering
c chemical industry
d service sector
e branches of industry
f trading partner
g export
h globalization

die Industrienation (-en)	industrialized nation
der Betrieb (-e)	business, factory
ausführen (sep.)	to export
annähernd	almost
der Grund ("-e)	reason
zur Besorgnis	for concern
im Zuge von	in the wake of
verstärken	to reinforce, to increase

Übung 10

Lesen Sie den Dialog noch einmal und ergänzen Sie

a Der Motor der deutschen Wirtschaft war …
b Weltweit bekannt sind Betriebe wie …
c Andere wichtige Wirtschaftszweige sind …
d Die wichtigsten Handelspartner Deutschlands …
e Ein Grund zur Besorgnis …
f Im Dienstleistungssektor …
g Im Zuge der Globalisierung müssen Betriebe…
h Frau Matthiesen ist aber …

Grammatik

Relative clauses

As you learned in *TIP 1*, relative clauses provide more information about an item in the main clause and they are usually introduced by a relative pronoun.

You saw that in the **nominative** case the pronouns are: **der, die, das,** and **die** in the plural.

In the **accusative** there is a change for masculine nouns only:

m: Das ist Peter, **den** ich noch aus der Schule kenne.

In the **genitive**, the case of possession, the German words for the equivalent of *whose* are:

m: Das ist Marcus, **dessen** Tochter Journalistin ist.
f: Ist das nicht Helga, **deren** Tochter in den USA lebt?
n: Das ist das Kind, **dessen** Eltern aus Bern kommen.
pl: Das sind die Studenten, **deren** Tests sehr gut waren.

In the **dative** the pronouns are: **dem** for masculine and neuter, **der** for feminine and **denen** for the plural:

m: Das ist Herr Kaiser, **dem** ich 100 Euro geliehen habe.
f: Das ist Petra, **der** ich das Buch über New York gegeben habe.
n: Das ist das Kind, **dem** ich geholfen habe.
pl: Das sind die Leute, **denen** wir gestern begegnet sind.

Here is an overview:

	masc.	fem.	neuter	plural
nom.	der	die	das	die
acc.	den	die	das	die
gen.	dessen	deren	dessen	deren
dat.	dem	der	dem	denen

As in English, relative pronouns are commonly used together with *prepositions*:

Das war die Firma, *bei* **der** ich ein Praktikum gemacht habe.
Das sind Ulrike und Edda, *von* **denen** ich dir schon viel erzählt habe.

Don't forget that in a relative clause the verb goes to the end. Note that you also have to put a comma at the start of the relative clause. You also need a comma at the end of the relative clause if this appears – as it often does – in the middle of the main clause:

> Meine Freundin, die in Berlin wohnt, kommt morgen nach Hannover.

Adjectival nouns

As you saw in *TIP 3*, some nouns behave like adjectives in the endings they take.

Here are a few more adjectival nouns:

der/die Angestellte *employee*
der/die Erwachsene *adult,*
  grown-up
der/die Reisende *traveller*

der/die Fremde *foreigner,*
  stranger
der/die Verwandte *relative*

This overview may help to remind you of the endings needed:

	masculine	feminine	plural
nom.	der Verwandte/mein Verwandter	die/meine Verwandte	die/meine Verwandten
acc.	den/meinen Verwandten	die/meine Verwandte	die/meine Verwandten
gen.	des/meines Verwandten	der/meiner Verwandten	der/meiner Verwandten
dat.	dem/meinem Verwandten	der/meiner Verwandten	den/meinen Verwandten

Weak nouns

In this unit you met the nouns **der Journalist** *journalist* and **der Präsident** *president*. These belong to a group of nouns called 'weak nouns'. They tend to take -(e)n in all cases except the nominative singular:

Nominative: Ein Journalist sollte eigentlich die Wahrheit schreiben.
Accusative: Kennst du den Journalisten?
Genitive: Hier ist das neue Buch des Journalisten.
Dative: Mit diesem Journalisten möchte niemand zusammenarbeiten.

Other frequently found nouns in this group include:

der Architekt, der Assistent, der Direktor, der Fotograf, der Franzose, der Herr, der Junge, der Kandidat, der Kollege, der

Kunde, der Mensch, der Nachbar, der Soldat, der Student, der Tourist.

Note that **Herr** adds -**n** in the singular, but -**en** in the plural:

Kennst du Herr**n** Schröder? Guten Tag, meine Damen und Herr**en**!

Mehr Übungen

1 Üben Sie Relativsätze

Bilden Sie Relativsätze, wie in dem folgenden Beispielsatz. Beginnen Sie alle Sätze mit **Das ist Herr Franke,** …

Beispiel: Er kommt aus Stuttgart.
Das ist Herr Franke, der aus Stuttgart kommt.

a Er arbeitet als Journalist.
b Seine Frau ist auch Journalistin.
c Sein Sohn studiert in den USA.
d Er fährt einen roten Ferrari.
e Er trägt meistens italienische Anzüge.
f Man sieht ihn auf vielen Partys.
g Von ihm bekomme ich noch € 200,–.

2 Welches Wort passt am besten?

> **gewählt Handelspartner Macht Demokratie Export
> Bundeskanzler ~~Europas~~ Bundestag Wirtschaftszweige
> Aufgaben Einwohner Abgeordnete Bundespräsident**

Deutschland liegt im Zentrum (**a**) *Europas* und hat mehr als 81,5 Millionen (**b**) _____. Es ist eine parlamentarische (**c**) _____. Das Parlament heißt der (**d**) _____, in dem mehr als 650 (**e**) _____sitzen. Es wird alle vier Jahre (**f**) _____. Die größte politische (**g**) _____ hat der Chef der Regierung, der (**h**) _____. Das Staatsoberhaupt, der (**i**) _____, erfüllt dagegen nur repräsentative (**j**) _____.

Wirtschaftlich hängt Deutschland stark vom (**k**) _____ ab. Bedeutende (**l**) _____ sind die Automobilindustrie und die chemische Industrie. Die wichtigsten (**m**) _____ sind die Länder der EU.

Using the text on Germany as a model, write a similar description about your country.

▶ 3 Und jetzt Sie!

Spielen Sie die Rolle eines deutschen Journalisten, der über verschiedene Aspekte der deutschen Wirtschaft befragt wird.

Reporter   Die Bundesrepublik Deutschland ist eine der führenden Industrienationen der Welt. Welche Industriezweige sind denn besonders wichtig?

Sie   *Say that the manufacturing industry is very important. Say it is the driving force of German industry.*

Reporter   Gibt es denn noch andere bedeutende Wirtschaftszweige?

Sie   *Say that the chemical industry and mechanical engineering are also quite important.*

Reporter   Und welche Bedeutung haben die Banken und Versicherungen?

Sie   *Say that banks and insurance companies also play a big role.*

Reporter   Kann man sagen, dass viele Bereiche primär exportorientiert sind?

Sie   *Say yes. Explain that the car industry for instance exports more than 60% of its products. Say that a third of all jobs depend on export.*

Reporter   Und was sind die wichtigsten Handelspartner?

Sie   *Say that the most important trading partners are the countries of the EU.*

Reporter   Und was denken Sie über die weitere wirtschaftliche Entwicklung?

Sie   *Say you think that globalization will become more and more important. Say that overall you are quite optimistic.*

Lesetexte

100 deutsche Jahre

Am 3. Oktober, dem Tag der deutschen Einheit, beginnt die große Dokumentations-reihe über das Leben der Deutschen im 20. Jahr-hundert. Produziert wurde die Serie vom Südwestfunk und der Deutschen Welle, dem Sender, der im Ausland ein umfassendes Bild des politischen, kulturellen und wirtschaftlichen Lebens der Bundesrepublik vermitteln soll.

Insgesamt sieben Jahre hat ein Redaktionsteam recherchiert und das Ergebnis ist beeindruckend: in 52 Folgen soll die deutsche Geschichte der letzten hundert Jahre gezeigt werden. Doch den Autoren geht es nicht um eine Chronik, sie wollen vor allem die Alltagsgeschichte präsentieren. Angefangen von der Kaiserzeit, über die Weimarer Republik, die Nazi-Diktatur bis hin zum Leben im wieder vereinigten Deutschland soll die Erfahrung der einfachen Leute im Mittelpunkt stehen. Die Serie soll auch in Englisch und Spanisch gesendet werden.

Beantworten Sie die Fragen:

a Was ist das Thema der Dokumentationsreihe?
b Wie viele Folgen gibt es?
c Was wollen die Autoren zeigen?
d In welchen Sprachen wird die Serie auch gezeigt?

Das Internet

If you would like to find out more about German-speaking countries on the Internet, use one of the many German search engines, such as **http://de.yahoo.com** or **http://www.dino-online.de**

A sample of the topics which you can explore follows:

Where would you click if you wanted to find out more about **a** magazines available in German **b** the city of Vienna and **c** current interest rates in Germany?

Ausbildung & Beruf
Uni/FH, Schulen, Jobs,
Bewerbung...

Computer & Technik
Hard-, Software, PC-Spiele,
E-Technik...

Finanzen & Wirtschaft
Börse, Geld, Immobilien,
Steuern...

Firmen
B2B, Bauen, Kleidung, KFZ,
Sex...

Forschung & Wissenschaft
Geschichte, Psychologie, Bio,
Astro...

Gesellschaft & Politik
Recht, Religion, Frauen,
Jugend, Gay...

Gesundheit
Medizin, Krankheiten,
Psyche, Pharma...

Internet & Kommunikation
Chat, E-Mail, Suchen, Handy
& SMS...

Lifestyle
Mode, Esoterik, Essen &
Trinken, Erotik...

Nachrichten & Medien
Top Themen, TV,
Zeitschriften, Zeitungen...

Nachschlagen
Lexika, Zitate, Wörterbücher,
Tel.-Nr....

Reisen & Freizeit
Routenplaner, Autos, Hobbys,
Spiele...

Sport
F1, Fußball, Rad, Ski, Tennis,
Outdoors...

Städte & Länder
Dt. Städte, EU, Länder,
Karten, Sprachen...

Umwelt & Natur
Tiere, Pflanzen, Berge,
Wetter, Energie...

Unterhaltung & Kunst
Cooles, Humor, Kino, Musik,
Literatur...

Congratulations on completing *Improve Your German!*

We hope you have enjoyed working your way through the course. We are always keen to receive feedback from people who have used our course, so why not contact us and let us know your reactions? We'll be particularly pleased to receive your praise, but we should also like to know if you think things could be improved. We always welcome comments and suggestions and we do our best to incorporate constructive suggestions into later editions.

You can contact us through the publishers at:

Teach Yourself Books, Hodder Headline Ltd,
338 Euston Road, London NW1 3BH.

We hope you will want to build on your knowledge of German and have made a few suggestions to help you do this in the section entitled **Taking it further** on page 203.

Alles Gute!

Heiner Schenke and Paul Coggle

Unit 1 Aufnahme 2

Moderator   Herzlich willkommen, liebe Zuschauer, zu einer neuen Ausgabe von *Super-Preis*, das Superquizspiel.
Zuerst zu unseren Kandidaten. Kandidat 1. Können Sie sich bitte kurz vorstellen?

Martin   Ja, ich bin der Martin, bin 32, geschieden und komme aus Apolda.

Moderator   Nicht alle Zuschauer werden wissen, wo das liegt. Können Sie uns das kurz erklären?

Martin   Das liegt im Freistaat Thüringen, in der Nähe von Weimar.

Moderator   Gibt es denn etwas Besonderes dort?

Martin   Wir haben ein Bockbierfest dort, das ist ziemlich bekannt.

Moderator   Was machen Sie denn beruflich, Martin?

Martin   Ich bin Krankenpfleger im örtlichen Krankenhaus.

Moderator   Das ist wahrscheinlich ein zeitraubender Job. Bleibt Ihnen denn da noch Zeit für irgendwelche Hobbys?

Martin   Nicht so viel. Aber ich gehe gern ins Kino und fahre sehr gern Ski.

Moderator   So, das war unser erster Kandidat, Martin. Applaus, bitte.
Und schnell weiter zu unserer zweiten Kandidatin, Petra.

Petra   Mein Name ist Petra Wunderlich. Ich bin 44 Jahre alt, verheiratet und komme aus Salzburg in Österreich.

Moderator	Ja, Salzburg kennt ja nun fast jeder, Mozart, die Mozartkugeln und so weiter. Was sind Sie denn von Beruf, Petra?
Petra	Ich bin Hotelfachfrau. Mit meinem Mann führe ich eine kleine Pension, die „Pension zur Post". Wir haben 20 Betten.
Moderator	Und was machen Sie in Ihrer Freizeit?
Petra	Nun, viel Zeit bleibt uns nicht, da wir das ganze Jahr über Gäste haben. Ich interessiere mich aber sehr für Geschichte und wenn ich Zeit habe, lese ich.
Moderator	Danke, danke. Applaus, bitte. Schnell zu Kandidat Nummer 3.
Max	Ja, ich bin der Max, 22 Jahre jung und single. Noch zu haben also …
Moderator	Und woher kommen Sie?
Max	Ich komme aus Norddeutschland, aus Lübeck.
Moderator	Und was machen Sie beruflich, Max?
Max	Ich bin Student. Ich studiere Mathematik.
Moderator	Und in Ihrer Freizeit? Was für Hobbys haben Sie?
Max	Ich liebe es gefährlich, mache Bungeespringen und in den Ferien gehe ich surfen.
Moderator	Gut. Das war Max. Danke schön. Und damit können wir nun mit der ersten Runde anfangen. Also …

Unit 2 Aufnahme 2

Martina	Corinna, du bist 22 Jahre alt, wohnst seit zwei Jahren in München und arbeitest als Kellnerin. Wie sieht eigentlich dein Tagesablauf aus?
Corinna	Es kommt darauf an, ob ich Frühschicht oder Spätschicht arbeiten muss. Wir haben nämlich in der Gaststätte, wo ich arbeite, bis um Mitternacht durchgehend geöffnet. Wenn ich Spätschicht mache, komme ich erst gegen eins, halb zwei nach Hause. Ich stelle mich dann schnell unter die Dusche und gehe sofort ins Bett. Am nächsten Tag stehe ich dann meistens erst um neun oder halb zehn auf. Zum Frühstück trinke ich ein Glas Orangen- oder Grapefruitsaft und manchmal esse ich auch eine Scheibe Toast mit Marmelade oder Honig.
Martina	Da hast du dann ein paar Stunden Freizeit, oder?
Corinna	Ja. Bis vier Uhr nachmittags kann ich machen, was ich will. Einmal in der Woche bringe ich meine Wäsche zum

Waschsalon. Ab und zu räume ich mein Zimmer auf. Aber das nimmt nicht allzu viel Zeit in Anspruch.

Martina Was machst du also mit deiner Freizeit?

Corinna Zweimal in der Woche – montags und mittwochs – habe ich Englischstunden. Da wir in der Gaststätte so viele Ausländer haben, versuche ich meine Englischkenntnisse aufzufrischen. Sonst gehe ich mit meinem Freund ins Kino oder wir fahren nach Starnberg zum Windsurfen auf dem Starnberger See.

Martina Und wie oft siehst du deine Eltern?

Corinna Höchstens viermal im Jahr zu Weihnachten und bei Geburtstagen. Die wohnen ja in Würzburg, was ziemlich weit weg ist.

Martina Und wie ist es mit dem Essen? Bekommst du deine Mahlzeiten hier im Restaurant umsonst?

Corinna Oh, ja. Das versteht sich von selbst. In meinem Zimmer habe ich nur eine Kochnische mit einer Heizplatte und einem kleinen Kühlschrank.

Unit 4 Aufnahme 2

Gerd Du, Heiko! Lange nicht gesehen! Wie geht's dir?

Heiko Hallo, Gerd! Gut, danke.

Gerd Und was machst du jetzt für eine Arbeit?

Heiko Ich unterrichte Deutsch als Fremdsprache im Sprachinstitut in der Herder-Straße.

Gerd Und wie gefällt dir deine Arbeit?

Heiko Im Allgemeinen sehr gut. Meine Studenten sind alle motiviert und fleißig, da sie es nötig haben, so schnell wie möglich die deutsche Sprache zu erlernen. Das einzige, was mir nicht so gut gefällt, ist die Bezahlung.

Gerd Wenn das so ist, kannst du denn daraus einen richtigen Beruf machen? Oder hast du noch etwas ganz anderes vor?

Heiko Naja, ich bin natürlich auf der Warteliste für eine Lehramtsstelle. Du weißt ja, dass ich eigentlich Gymnasiallehrer für Deutsch und Latein werden möchte. Aber da es momentan so viele Anwärter gibt, werde ich wohl noch mindestens ein bis zwei Jahre warten müssen. Und was machst du eigentlich zur Zeit?

Gerd Ich mache gerade meinen Zivildienst in einem Heim für körperlich und geistig behinderte Kinder.

Heiko Und was hast du danach vor?

Gerd Ich möchte Sozialarbeiter werden. Im Raum Frankfurt werden zur Zeit viele Stellen für Sozialpädagogen angeboten.

Heiko Das ist sicher auch kein einfacher Job! Auf jeden Fall wünsche ich dir viel Glück dabei.

Unit 5 Aufnahme 2

Sebastian Mensch, ich bin vielleicht froh, dass die Sommerferien übermorgen anfangen!

Jochen Und ich erst! Was hast du denn eigentlich so geplant?

Sebastian Also, ich werde meinen Führerschein anfangen. Meine Eltern haben mich endlich in der Fahrschule angemeldet und in zwei Wochen geht's los.

Jochen Bist du denn vorher schon mal gefahren?

Sebastian Wo denkst du hin! Ich will doch nicht riskieren, dass mir die Fahrerlaubnis für zwei Jahre entzogen wird! Das ist übrigens dem Peter passiert, und jetzt hat er das neue Auto zu Hause stehen, das ihm seine Eltern schon vorher gekauft hatten und kann nicht damit fahren …

Jochen Wie viele Stunden glaubst du denn, dass du brauchen wirst?

Sebastian Naja, zwanzig ist ja so der Durchschnitt – und wenn ich nicht durchfalle, müsste ich meinen Deckel Anfang des neuen Schuljahres schon haben! – Und was hast du denn eigentlich vor?

Jochen Meine Eltern haben mir versprochen, dass ich meinen dritten Tanzkurs machen kann. Da freue ich mich schon total drauf.

Sebastian Bist du da etwa immer noch dabei? Ich habe ja auch einen gemacht, vor etwa drei Jahren, aber einer hat mir gereicht. Ich gehe sowieso nur in die Disco und da brauche ich ja so was nicht – höchstens mal bei meiner Hochzeit und bis dahin habe ich wahrscheinlich schon wieder alle Schritte vergessen! Hast du denn eine Partnerin für den Kurs?

Jochen Ja, du kennst doch die Sybille, oder? Wir haben schon den ersten und zweiten Kurs zusammen gemacht und nach dem dritten wollen wir in den Tanzclub eintreten und auch auf Turniere gehen.

Sebastian Da muss man doch ziemlich oft trainieren, oder? Glaubst du denn nicht, dass dir das zu viel wird?

Jochen Ach, außer dem Tanzen und dann noch meinem Schwimmtraining, mache ich eigentlich nichts weiter in meiner Freizeit. Und es ist ja eine gute Gelegenheit, neue Leute kennen zu lernen und sich auch fit zu halten.

Sebastian Sicherlich. Aber das wäre mir ehrlich gesagt zu viel. So eingebunden zu sein, würde mir überhaupt nicht gefallen. Ich persönlich ziehe es vor, meine Freizeit flexibel zu gestalten. Außerdem bin ich eher kulturinteressiert – Sport hat mich eigentlich schon immer gelangweilt.

Unit 6 Aufnahme 2

Elke Entschuldigen Sie bitte die Störung, aber darf ich Sie fragen, ob Sie für oder gegen ein Rauchverbot in Restaurants und Gaststätten sind?

Frau Merk Ich bin auf jeden Fall dafür. Ich finde, es ist eine Zumutung, wenn ich beim Essen durch das Rauchen von anderen Gästen gestört werde.

Elke Viele Gäste hier in der Gaststätte sagen aber, dass sie gerade dann rauchen möchten, wenn sie sich bei einem Glas Wein oder einer Tasse Kaffee entspannen.

Frau Merk Ja, das mag wohl sein. Solche Leute vergessen aber meistens, dass ihr Rauchen eine negative Einwirkung auf ihre Mitmenschen hat. Und es gibt ja Menschen, die einfach allergisch sind gegen Zigarettenrauch.

Elke Ja, aber sagen Sie ganz ehrlich. Kann man wirklich ein totales Rauchverbot in allen Restaurants und Gaststätten verhängen?

Frau Merk Das wäre meines Erachtens nicht zu viel verlangt. Aber ich sehe auch ein, dass es noch eine Zeit lang dauern wird, bis diese Idee von der Mehrheit akzeptiert wird. Und in der Zwischenzeit wächst die Zahl der Restaurants, die das Rauchen entweder total oder zum Teil verbieten.

Unit 7 Aufnahme 2

Silke Ich hätte eine Frage, bitte. Wie komme ich am besten in die Stadt?

Dame Mit dem Bus. Vom Flughafen fahren Sie mit der 109 bis zum Bahnhof Zoo.

Silke Und wie teuer wär's mit einem Taxi?

Dame Das würde Sie ungefähr das Zehnfache der Busfahrt kosten. Wenn Sie aber viel Gepäck haben, lohnt es sich vielleicht, mit einem Taxi zu fahren.

Silke	Nein, viel Gepäck habe ich nicht. Bloß muss ich vom Bahnhof Zoo noch ein bisschen weiter fahren. Mein Hotel liegt nämlich in der Güntzelstraße.
Dame	Kein Problem! Vom Zoo sind es nur drei U-Bahn-Stationen bis zur Güntzelstraße.
Silke	Wo ist die Bushaltestelle?
Dame	Durch diesen Ausgang, dann nach links. Zirka 50 Meter geradeaus. Da sehen Sie dann die Haltestelle auf der rechten Seite.
Silke	Und wo kann ich eine Fahrkarte lösen?
Dame	Im Bus beim Fahrer.

Unit 8 Aufnahme 2

Martin	Ja, was die typisch deutschen Eigenschaften angeht, glaubst du, dass die Engländer wirklich so verschieden von den Deutschen sind?
Darren	Wahrscheinlich nicht. Aber die Kultur und die Mentalität sind irgendwie doch unterschiedlich. Ich finde zum Beispiel, dass dieses Klischee von der deutschen Gründlichkeit gar nicht so falsch ist.
Martin	Tatsächlich? Das musst du mir aber näher erläutern!
Darren	Naja, nimm doch nur mal die Ausbildung hier in Deutschland: man muss in diesem Land nicht unbedingt Abitur gemacht haben, um eine gute Stellung zu bekommen. Wer Hauptschulabschluss oder mittlere Reife gemacht hat, bekommt in der Lehre eine gründliche Ausbildung, sowohl praktisch als auch theoretisch, und macht eine richtige Abschlussprüfung, die ihm einen guten Start ins Berufsleben gibt.
Martin	Aber ist das in England nicht genauso?
Darren	Es ist weniger streng geregelt. Natürlich, wenn man A-Levels oder einen Universitätsabschluss hat, macht man zumeist ein gutes Training, aber ansonsten haben die Leute nicht so eine gründliche Ausbildung. Ich meine, in Deutschland macht man ja sogar als Verkäufer in einer Bäckerei oder Metzgerei eine dreijährige Ausbildung! Das gibt es in England kaum.
Martin	Und wie sieht es mit der Schulbildung in England aus?
Darren	Ja, die ist schon sehr gut. Aber zum Beispiel habe ich festgestellt, dass man in Deutschland Fremdsprachen viel mehr fördert, was ja heutzutage ungeheuer wichtig ist. Und dann finde ich auch, dass hier so viel Wert auf

Qualifikationen gelegt wird. Es genügt nicht, wenn man zum Beispiel eine Fremdsprache spricht, um einen Job zu bekommen. Nein, man muss gleich einen entsprechenden Nachweis erbringen, dass man eine Prüfung oder Ausbildung in diesem Fach gemacht hat.

Martin   Da hast du allerdings Recht! Es ist dir wahrscheinlich auch schon aufgefallen, dass man hier ungeheuer viel Wert auf Titel legt, zum Beispiel auf den Doktortitel! Früher war das selbstverständlich noch extremer. Die Kehrseite der Medaille ist allerdings, dass die Leistungsanforderungen und der Leistungsdruck schon in den Schulen so hoch sind und in der Arbeitswelt noch viel höher. Man weiß gar nicht, wohin das noch führen soll!

Darren   Aber die Gründlichkeit erstreckt sich nicht nur auf den Arbeitsbereich. Ich finde, dass die Deutschen im Allgemeinen ihre Freizeitaktivitäten viel systematischer angehen als die Engländer. Sehr viele Leute betreiben ihr Hobby in einem Club und Talente werden sofort gefördert.

Martin   Mmmh … ich weiß nicht so recht. Das ist zwar alles nicht ganz falsch, was du da festgestellt hast. Aber ich bin doch sehr skeptisch, was diese typisch deutschen Eigenschaften angeht. Sicherlich ist da ein Körnchen Wahrheit dran, aber ich glaube, man kann all diese Eigenschaften auch bei Menschen anderer Nationalität feststellen.

Darren   Na, ich bin nicht so sicher! Du erscheinst mir zwar auch nicht wie der typische Deutsche.

Unit 9 Aufnahme 2

Bürgerin   Entschuldigung, aber warum werfen Sie denn Ihre leere Bierdose auf die Wiese? Da vorne ist doch ein Abfalleimer!

Roland   Häh? Was geht Sie das denn an? Und außerdem, die Parkarbeiter, die sollen auch mal was arbeiten, dafür werden sie ja schließlich bezahlt, von meinen Steuern!

Bürgerin   Also, Sie haben vielleicht eine Auffassung – wenn jeder so denken würde wie Sie, dann würden wir bald im Müll ersticken und der Park wäre eine Müllhalde.

Roland   Ach, sind Sie etwa auch so einer, der dauernd von Umwelt und Recycling schwafelt? Davon habe ich die

Nase schon lange voll. Wem nützt das denn überhaupt? Ist doch sowieso alles schon zu spät. Und dieser ganze Quatsch mit dieser Müllsortierung – da habe ich in meiner Freizeit ehrlich Besseres zu tun als daran zu denken, was in welche Tonne kommt.

Bürgerin Recycling ist eine sehr sinnvolle Sache – wenn wir jetzt nichts für die Umwelt tun, wie sieht denn dann das Leben für unsere Kinder aus? Und wenn wir schon von Recycling reden: Dosen werden jetzt auch getrennt gesammelt!

Roland Wollen Sie mich jetzt auf den Arm nehmen? Soll ich jetzt etwa zum Container rennen, nur um eine einzige Blechdose wegzuwerfen? Das können Sie ja machen, wenn Sie wollen!

Bürgerin Sie könnten die Dose ja in Ihre Tasche packen und später entsorgen. Damit hätten Sie zum einen die Wiese sauber gehalten und zum anderen 'was für die Umwelt getan.

Roland Wenn Sie glauben, dass Sie mich bekehren können, haben Sie sich getäuscht. Das Leben ist kurz genug und ich will mich amüsieren. Für Ihre Moralpredigten habe ich keine Zeit. Und jetzt lassen Sie mich in Ruhe!

Bürgerin Ich sehe schon, Sie sind einer von denen, die erst saftige Geldstrafen zahlen müssen, bevor Sie irgendetwas tun! Und das ist dann zum Glück wirklich nicht meine Sache!

Unit 10 Aufnahme 2

Unser erstes Thema heute ist Deutschland. Sie wissen sicherlich, dass Deutschland mit seinen über 81,5 Millionen Einwohnern der bevölkerungsreichste Staat in Europa ist – sieht man einmal von Russland ab – aber wie ist das flächenmäßig? Ist Deutschland auch größer als Großbritannien, größer als Frankreich? Nun, stellen Sie sich einmal die Europakarte vor – Deutschland in der Mitte, Großbritannien als Insel – nun, es ist tatsächlich um einiges größer als Großbritannien – das Vereinigte Königreich umfasst 244 100 km^2 und Deutschland 357 022 km^2 – aber im Vergleich zu Frankreich – nun, da kann man zu Recht von der „Grande Nation" sprechen: mit 543 000 km^2 ist es mehr als doppelt so groß wie Großbritannien und auch um einiges größer als Deutschland.

Von der Bevölkerungsdichte her leben wir hier also ziemlich zusammengedrängt, verglichen mit unseren europäischen Nachbarn.

Aber wer sind eigentlich unsere Nachbarn? Haben Sie schon mal darüber nachgedacht, mit wie vielen Ländern Deutschland eine Grenze hat? Nun, wahrscheinlich fangen Sie jetzt an zu zählen, Dänemark im Norden, Polen ja ... Lassen Sie sich ein wenig Zeit und in der Zwischenzeit wenden wir uns unseren eigenen Ländern zu. Wie Sie wissen, besteht Deutschland ja aus 16 Bundesländern, einschließlich der Stadtstaaten Hamburg und Bremen und auch Berlin. Wenn ich Sie fragen würde, welches Bundesland die meisten Einwohner hat, so werden die meisten sicherlich nicht lange zögern und Nordrhein-Westfalen sagen, das tatsächlich mit dem Ballungsraum Ruhrgebiet mit fast 18 Millionen Menschen unangefochten vor Bayern mit etwas mehr als 12 Millionen liegt. Die wenigsten Einwohner hat im Übrigen Bremen, mit etwa 700 000. Doch wissen Sie auch, welches Bundesland flächenmäßig am größten ist? Nun, ich nehme an, dass dies viele unserer süddeutschen, genauer unserer bayrischen Hörer wissen werden, denn tatsächlich ist Bayern das größte Bundesland. Nordrhein-Westfalen – im Übrigen – liegt flächenmäßig nur an vierter Stelle, noch hinter Niedersachsen und Baden-Württemberg.

Aber lassen Sie uns auf unser Problem zurückkommen, mit wie vielen Staaten Deutschland eine gemeinsame Grenzen hat, und wenn Sie mittlerweile mit dem Zählen aufgehört haben und bei 10 angekommen sind ... dann haben Sie sich verzählt! Insgesamt sind es nämlich neun Länder: Dänemark im Norden, die Niederlande, Belgien, Luxemburg und Frankreich im Westen, die Schweiz und Österreich im Süden und die Tschechische Republik und Polen im Osten.

Diese einzigartige Mittellage Deutschlands war historisch natürlich nicht ganz unproblematisch, womit wir auch bei einem anderen Thema angelangt wären: der Politik.

Sie werden wissen, dass die wichtigsten politischen Entscheidungen im Bundestag – unserem Parlament – gefällt werden. Aber wie viele Abgeordnete hat der Bundestag eigentlich? Mehr als 500? Weniger als 500? Nun, es sind weit mehr: 656. Und durch unser Wahlsystem kann die Anzahl sogar noch steigen. Und diese 656 Abgeordneten wählen dann den Bundeskanzler, der dann seine Minister benennt und somit die größte politische Macht besitzt. Der Bundespräsident – anders als zum Beispiel in den USA – hat dagegen weitgehend nur repräsentative Aufgaben: Er prüft, ob Gesetze verfassungsgemäß zustande gekommen sind, ernennt und entlässt Bundesrichter und Bundesbeamte und ernennt und entlässt auch die Bundesminister, die vom Bundeskanzler vorgeschlagen wurden.

Diese Reduzierung der Macht lag den Vätern unseres Grundgesetzes besonders am Herzen, genauso wie ein anderer Aspekt: das föderalistische Prinzip, das ein Grundpfeiler unserer politischen Struktur ist. Aber darüber mehr in der nächsten Woche.

So, damit sind wir zum Ende unseres ersten Teiles gekommen, und bevor Sie uns, liebe Zuhörerinnen und Zuhörer, direkt anrufen können – spielen wir schnell noch ein paar Takte Musik …

self-assessment tests

To help you monitor your progress with *Improve Your German,* we have produced a series of short self-assessment tests.

You will find the answers in the **Key to the self-assessment tests** on page 200. When the questions require individual responses, we usually give model answers as a guide.

We indicate the number of points allocated to each answer, so that you can keep your own score (out of a total of 40 points per test). Here are a few guidelines to help you grade your performance.

35–40 points   Congratulations! You are ready to start the next units.

30–34 points   Very good. You have mastered most of the points covered in the last units. Try to identify the areas which still need some work and go over them again.

20–30 points   Well done, but it might be advisable to revise the areas where you are not quite so confident before moving on to the next units.

Below 20 points You need to go back over the last units. When you have done so, take the test again and see how much you have improved.

Always remember that learning another language does take time. If you feel that it seems a bit difficult, don't let yourself be discouraged. Come back to it another day and it will begin to make more sense.

Viel Glück!

Self-assessment test: Units 1–2

Check whether you have understood and mastered the main vocabulary and grammar points from Units 1 and 2. For how to read the score, refer back to page 173. You can check your answers on page 200.

1 Answer the questions below. There are five points for each correct answer.

a What are the two main types of questions are in German?

b Can you name at least three typical masculine and neuter and four typical feminine endings for nouns? ($\frac{1}{2}$ point for each correct answer.)

c There are three different types of prefixes used with verbs. Can you identify them?

d What usually happens to the subject when you start a German sentence with any other item?

e Can you name the rule which determines the order of the three bracketed phrases in this sentence?

Ich gehe [heute Abend][1] [mit meiner Freundin][2] [ins Kino][3]

Punkte: _____/25

2 The text below, Ulrike's personal homepage, covers some of the main vocabulary and phrases covered in the first two units. Read it through – the first time without using a dictionary – and find the following information.

a Age: (1 point)
b Children: (3 points)
c Profession and working hours: (4 points)
d How she spends time with her children: (4 points)
e Other hobbies: (3 points)

Herzlich willkommen auf meiner Homepage

Hallo zusammen. Schön, dass ihr meine Homepage in den unendlichen Weiten des Webs gefunden habt.

Ich heiße Ulrike und bin 35 Jahre alt. Ich wohne mit meinen Jungs hier im wunderschönen Oberhausen. Ich bin allein erziehende Mutter mit 3 Kindern und einem Kampfdackel. Mein ältester Sohn heißt Florian, ist 9 Jahre alt; der mittlere heißt Kai und ist 6 Jahre alt. Mein jüngster heißt Lukas und ist schon fast 3 Jahre. Von Beruf bin ich Arzthelferin und arbeite momentan 20 Stunden pro Woche.

Mit meinen Kindern bin ich öfters unterwegs, z.B. zum Inline-Skaten, Fahrradfahren oder wir gehen zusammen schwimmen.

Meine Hobbys sind auch noch Flohmärkte, über die ich leidenschaftlich gerne an meinen „kinderfreien" Wochenenden bummele. Außerdem lese ich auch gern, auch wenn mir meistens dazu die Zeit fehlt. Am PC sitze ich abends recht häufig.

Wer uns jetzt noch sehen möchte, kann ja in unserem virtuellen Fotoalbum blättern. Viel Vergnügen dabei!

Vergesst bitte auch nicht, mir einen Eintrag in meinem Gästebuch zu hinterlassen!!

Punkte: _____ /15

in den unendlichen Weiten	*in the infinite space*
allein erziehende Mutter	*single mother*
der Flohmarkt (¨e)	*flea market*
recht häufig	*very frequently*
Viel Vergnügen dabei!	*Have fun (with it)!*

Extra practice
Write some text in German for a homepage about yourself, where you include personal details, talk about your daily routine and consolidate the structures and vocabulary you have worked through so far.

Self-assessment test: Units 3–4
Check whether you have understood and mastered the main vocabulary and grammar points from Units 3 and 4. For how to read the score, refer back to page 173. You can check your answers on pages 200–1.

1 Link the two sentences by using the conjunction in brackets. Don't forget to change the word order if necessary. There are two points for each correct answer.

Example Kathrin kommt aus Berlin. Sie wohnt jetzt in München. *(aber)*
Kathrin kommt aus Berlin, aber sie wohnt jetzt in München.

a Sie ist in München aufgewachsen. Dort hat sie ihr Abitur gemacht. *(und)*
b Sie hat Informatik studiert. Es ist ein interessantes Studienfach. *(weil)*

c Sie hat schon Berufserfahrung gesammelt. Sie war Studentin. *(während)*

d Im Moment arbeitet sie drei Tage pro Woche. Sie hat ein Kind. *(denn)*

e Sie möchte Vollzeit arbeiten. Ihr Sohn kommt in den Kindergarten. *(wenn)*

Punkte: _____/10

2 Check whether you have understood and digested the main language points from Units 3 and 4 by answering the questions below.

a Look at the following sentences. Decide (i) which tense they are in and (ii) whether the verb is regular or irregular.

i In den Semesterferien fuhren sie nach Griechenland.

ii Früher hat Peter bei BMW gearbeitet.

iii Mit 17 machte er eine Tischlerlehre.

iv Susi bewarb sich schon bei drei Firmen.

v Sie ist noch ins Kino gegangen. (10 points)

b Name two ways of talking about the future in German. (6 points)

c Looking back at exercise 1, can you explain the difference between co-ordinating and subordinating conjunctions in German? Can you name at least four for each category? (8 points)

d Would you add a comma to the two sentences below? Explain why/why not. (6 points)

i Heute um 11 Uhr hat Lotte Robin besucht.

ii Gerhard ging in eine Abendklasse weil er sein Abitur machen wollte.

Punkte: _____/30

Extra practice

Write a short text about your education, modelled on Martin Klostermann's example on page 36, and/or describe what you think about your job or studies, using Claudia Andresen's monologue on page 57 as an example. Include some information about your future plans.

Self-assessment test: Units 5–7

1 Check whether you have mastered the main grammar points by answering the following questions. There are three points for each correct answer.

a Give three verbs which are usually followed by the infinitive + zu in German.

b Give the third person singular past tense form of the modal verbs **dürfen, können** and **müssen**.

c What ending typifies the genitive case for masculine and neuter singular nouns?

d Can you add a tone of politeness to these sentences by converting them to indirect questions?

　i Wo ist die Gedächtniskirche, bitte?

　ii Wie komme ich zur nächsten U-Bahnstation?

　iii Kann ich mit diesem Bus zum Olympiastadion fahren?

e What is special about the use of prepositions in German?

Punkte: _____/15

2 Can you do the following? Say the answers out loud, then write them down. There are four points for each correct answer.

a Ask for and express an opinion in at least two formal and two less formal ways.

b Indicate agreement and disagreement, using at least two formal and two less formal expressions.

c State whether you prefer doing sport in your leisure time or whether you are more interested in cultural activities. Give two possible answers.

Punkte: _____/12

3 See how much of this short text about the Austrian town of Salzburg you can understand. Try to find information about (i) its geographic location, (ii) its accessibility, (iii) its population, (iv) its attractions and (v) its main claims to fame.

There is one point for the correct number of inhabitants; all other questions get three points.

Punkte: _____/13

Willkommen
in der
Stadt Salzburg

Salzburg, in 425 m Seehöhe, liegt am Nordrand der Ostalpen fast in der Mitte Österreichs. Es ist mit der Eisenbahn, dem Auto und dem Flugzeug aus allen Richtungen bequem zu erreichen. Die Stadt zählt zirka 145 000 Einwohner. Die Stadt Salzburg und ihre Umgebung sind unvergleichlich schön. Salzburg ist als Mozartstadt weltbekannt. Hier wurde Wolfgang Amadeus Mozart 1756 geboren. Seit 1953 hat Salzburg eine Musikakademie und im Jahre 1962 wurde die bereits 1622 gegründete Universität wieder errichtet. Und nicht zuletzt ist Salzburg die weltbekannte Festspiel-, Kur- und Kongressstadt.

Mehr Auskunft bei http://www.stadt-salzburg.at

Remember to check your answers in the **Key to the self-assessment tests**. For how to read your score refer back to page 173.

Extra practice

Write a short portrait of your home town. You could include information on its history, its inhabitants and its main attractions, and consolidate the structures and vocabulary covered in Units 5–7.

Self-assessment test: Units 8–10

1 This exercise tests you on some of the key vocabulary from Units 8–10. Can you supply the appropriate German word? There is one point for each correct answer.

a Wenn man eine Meinung über etwas hat, das man nicht kennt, ist das ein _ _ r _ _ t _ _ _ .

b Viele meinen, die Deutschen machen alles sehr genau – sie sind sehr g _ _ _ d _ _ _ _.

c Wenn man viel für die Umwelt tut, ist man _ _ _ _ _ _ be _ _ _ _ _.

d Ein anderes Wort für Müllsortierung ist _ _ _ _ _ _ _ _ _ _ _ _ .

e *Bild* ist ein gutes Beispiel für eine B _ _ _ _ _ _ _ z _ _ _ _ _.

f In Deutschland gibt es 16 verschiedene
_ _ _ _ _ _ _ _ _ _ _ _.

g Das Parlament heißt der _ _ _ _ _ _ t _ _.

h Die Welt vernetzt sich. Diesen Prozess nennt man
_ _ _ _ _ _ _ _ _ _ _ _ _ _.

Punkte: _____/10

2 Check if you have mastered the main grammar points by answering the following questions.

a Can you supply the correct adjective endings for the following examples?

   i Die deutsch__ Wirtschaft hat in den letzt__ Jahren mit groß__ Problemen zu kämpfen gehabt.

   ii Die hoh__ Arbeitslosigkeit, insbesondere im östlichen__ Teil der Bundesrepublik, ist für viel__ Menschen ein Grund zur Besorgnis.

   iii Trotzdem bleiben deutsch__ Firmen in mehrer__ Bereichen marktführend. (4 points)

b Which verb is used as an auxiliary to form the passive voice in German? (4 points)

c Look at the following sentences, which report what people have said. Decide for each sentence whether Konjunktiv I or Konjunktiv II is used.

   i Carola sagt, dass viele Leute sehr umweltbewusst seien.

   ii Jörg meint, dass man noch mehr Energie sparen könnte.

   iii Er denkt, dass wir mehr öffentliche Verkehrsmittel benutzen sollten.

   iv Peter findet, dass er sich schon sehr viel verbessert habe. (4 points)

d Words like **Herr, Junge** or **Mensch** all belong to a group called 'weak nouns'. How do they differ from most other nouns?

(4 points)

e Translate the following sentences into German.

   i This is Sven, who comes from Berlin.

   ii The building (which) you see over there is the Reichstag.

   iii Marlies, whose daughter is 18 years old, is learning Chinese. (6 points)

Punkte: _____/22

3 Read the following text about a radio station in Berlin and summarize the main information under the following headings:

a languages the station covers

b target audience group

c the objectives of the station

d prospects for the future

There are two points for each correct answer.

„Radio MultiKulti" in Berlin macht weiter: Der erste multikulturelle Sender in Europa macht auch nach Ende der dreijährigen Modellphase Programm.

Das MultiKulti-Modell des Senders Freies Berlin (SFB) kommt überall gut an: bei den Hörern, bei der Presse, sogar bei UNESCO. In 15 Sprachen – von Albanisch bis Vietnamesisch – bietet „Radio MultiKulti" seit September 1994 täglich 16 Stunden Unterhaltung und Service für die 400 000 in Berlin lebenden Ausländer. Der Sender versteht sich aber auch als Forum der Verständigung zwischen Deutschen und ethnischen Minderheiten. Lange war unklar, ob aus dem Modellprojekt ein Regelprogramm wird. Der Grund: Geldmangel. Doch jetzt steht fest: Radio MultiKulti bleibt „on air". Der Programmchef plant schon für die Zukunft.

© Deutschland-Magazin

Punkte: _____/8

Remember to check your answers in the **Key to the self-assessment tests.** For how to read your score refer back to page 173.

Extra practice

Write a short piece about the political structure and economic situation in your country, using the text from page 159 as a guide and/or give a short overview of your country's most important newspapers and magazines, modelled on Herr Hinschken's interview on page 147.

Unit 1

1 a F. Die Arbeit macht ihr viel Spaß. **b** F. Sie hat vier Jahre in Bristol gelebt. **c** R. **d** F. Er ist selbstständig [und hat ein kleines Architektenbüro in Köln]. **e** F. Sie geht zu einem Englischkurs für Fortgeschrittene. **2 a** halbtags **b** Spaß **c** verheiratet **d** selbstständig **e** fließend **f** interessiert. *TIP 1* There are **4 ja/nein** questions **a** Frau Peters, können Sie ein bisschen über sich erzählen? **b** Und sind Sie berufstätig? **c** Sind Sie denn verheiratet? **d** Und haben Sie ein Hobby? and **2 w-questions a** Und welche Sprachen sprechen Sie? **b** Was macht denn Ihr Mann? *TIP 2* to study at: studieren an; to be married to: verheiratet sein mit **3 a** in **b** nach **c** an **d** in **e** seit **f** aus **g** in **h** als **4 b-i c-v d-i e-vii f-ii g-iii

5

Name	Alter	Familienstand	Wohnort	Beruf	Hobbys
Martin	32	geschieden	*Apolda, in Thüringen*	Krankenpfleger	Kino, Ski fahren
Petra	44	verheiratet	Salzburg, in Österreich	*Hotelfachfrau*	Geschichte, Lesen
Max	22	ledig/single	Lübeck, in Norddeutschland	Student der Mathematik	Bungeespringen, Surfen

6 1. b 2. a 3. b 4. c 5. b. **7 a** Können Sie sich bitte kurz vorstellen? **b** Was sind Sie von Beruf? **c** Was machen Sie in Ihrer Freizeit? **d** Was für Hobbys haben Sie? **e** Ich gehe gern ins Kino. **f** In den Ferien gehe ich surfen. **8 a** die **b** die **c** die **d** das **e** der **f** der **g** das **h** das **i** die. **9 a** Er fährt fast jedes zweite

Wochenende dorthin. **b** Sie studiert Film [an der HdK]. **c** Sie studiert Medizin [in Göttingen]. **d** Sie arbeitet in einer Kneipe. **e** Sie will ihr das Berliner Nachtleben zeigen. **f** Er findet die meisten Leute sehr offen. / Er findet, dass die meisten Leute sehr offen sind. **10 a** … schon seit langem besuchen. **b** … aus Hannover. **c** … ganz schön kostspielig. **d** … sie einen Studienplatz an der HdK bekommen hat. **e** … Kinderärztin werden. **f** … alte Schulfreundin von ihr. **g** … Menschen aus der ganzen Welt treffen. **h** … sehr lebendig.

Mehr Übungen
1

der	die		das
Mittwoch	Woche	Sprache	Silber
Sonntag	Natur	Pension	Gold
Sommer	Landschaft	Fußballmannschaft	Gymnasium
Winter	Region	Freundschaft	Mädchen
Dezember	Passion	Nationalität	Märchen
Schnaps	Rose	Identität	Tanzen
Wein	Temperatur	Intelligenz	Schwimmen
Ferrari			
Opel			

2 a Berufe **b** Kurse **c** Gäste **d** Häuser **e** Schnäpse **f** Kneipen **g** Städte **h** Züge **i** Restaurants **j** Büros. **3 a** Sind Sie Deutscher/Schweizer? **b** Wo sind Sie aufgewachsen? **c** Welche Sprachen sprechen Sie? **d** Was sind Sie von Beruf? **e** Sind Sie verheiratet? **f** Haben Sie Kinder? **g** Was für Hobbys haben Sie? **4**

- Ja, natürlich. Mein Name ist Matthias Brandt und ich bin 1955 in Hannover geboren, aber seit 20 Jahren wohne ich in Berlin.
- Ja, ich bin selbstständig. Ich bin Architekt.
- Ja, und ich habe eine Tochter, Steffi. Sie ist Studentin und studiert an der Universität Heidelberg.
- Ich gehe gern ins Kino und ich lese gern. Ich interessiere mich auch für Sprachen.
- Ja, die Menschen in Berlin sind sehr freundlich und die Stadt ist wirklich interessant.

Lesetext

1 **a** Er ist 18 Jahre alt. **b** Er hat ihn seit zwei Monaten. **c** Ja, seine Hobbys sind Computerspielen, Internetsurfen, Chatten. **d** Er hat es seit einer Woche. **e** Das Auto [die Kiste] frisst [braucht] so viel Benzin.

Unit 2

1 **a** F. Er steht gegen halb acht auf. **b** R. **c** F. Es ist nur zehn Minuten zu Fuß. **d** F. Normalerweise isst er in der Mensa. **e** R. **f** F. Abends bleibt er zu Hause. / Abends liest er die Zeitung, schaut Nachrichten im Fernsehen, manchmal noch einen Film. Gewöhnlich liest er oder hört Radio oder eine Schallplatte. 2 **a** aufstehen **b** frühstücken **c** einkaufen gehen **d** beginnen **e** besuchen. 3 **a** Mein Tagesablauf beginnt morgens gegen halb acht. **b** Zum Frühstück trinke ich Orangensaft und esse ein Croissant mit Marmelade. **c** Normalerweise gehe ich gegen acht Uhr aus dem Haus. **d** Meistens arbeiten wir bis 18.00 Uhr. **e** Am Wochenende besuchen wir öfters Freunde oder gehen essen. **f** Zum Windsurfen fahren mein Freund und ich am Wochenende an den Starnberger See. 4 (Here are some possible answers.) Gegen halb acht steht Herr Müller normalerweise auf. Anschließend frühstückt er. Am Vormittag arbeitet er zu Hause am Schreibtisch. Zwischen zwölf und zwei isst er in der Mensa. Am frühen Nachmittag oder sogar erst am frühen Abend gibt er seine Seminare an der Universität. Wenn er keine Seminare hat, geht oder fährt er am frühen Nachmittag nach Hause. Abends liest er oder hört Musik. 5 **a** bis um Mitternacht **b** gegen eins, halb zwei **c** geht sie ins Bett **d** um neun, halb zehn **e** Orangen- oder Grapefruitsaft **f** vier Uhr nachmittags **g** Englischstunden **h** viermal im Jahr. 6 1 b 2 c 3 a 4 c 5 b. 7 **a** Es kommt darauf an ... **b** gegen eins. **c** Ich stelle mich schnell unter die Dusche. **d** eine Scheibe Toast. **e** ab und zu. **f** höchstens viermal im Jahr. **g** zu Weihnachten. **h** bei Geburtstagen. 8 anfangen, abwaschen, abräumen, stattfinden, mitgehen, abholen, zumachen, einladen, ausmachen, einkaufen. 9 **a** fangen ... an/finden ... statt. **b** bereitet ... vor. **c** waschen ... ab. **d** räumt ... ab. **e** findet ... statt. **f** sehen ... fern. **g** lädt ... ein. **h** auffrischen. 10 **a** Sie steht um 7.00 auf. ✓ **b** Zum Früstrück isst sie Croissants. ✗ **c** Nach dem Frühstück liest sie Zeitung. ✓ **d** Sie besucht gerne eine ihrer Freundinnen. ✓ **e** Meistens isst sie in einem Restaurant zu Mittag. ✗ **f** Ihr Hobby ist Stricken. ✓ **g** ✓ **h** Sie geht gegen 22.00 Uhr ins Bett. ✗ 11 **a** ... langweilig? **b** ... um 7 Uhr auf. **c** ... auf meinem Balkon. **d** ... für Politik. **e** ... zu Mittag. **f** ... in die Umgebung. **g** ... zu stricken. **h** ... gar kein Interesse.

Mehr Übungen

1 **b** stellen **c** abwaschen **d** laufen **e** treiben **f** geben **g** aufräumen **h** stricken **i** kochen **j** sich ... anschauen **k** machen **l** auffrischen. 2 **a** Claudia fährt im Winter mit der U-Bahn zur Universität. **b** Kommst du heute Abend mit ins Kino? **c** Theo und Anke gehen in der Mittagspause zu Fuß ins Restaurant. **d** Manfred fährt nachmittags mit seinem Auto zu seinem Freund ins Krankenhaus. **e** Hans Martinek geht oft nach der Arbeit ins Fitnesscenter. **f** Frau Tiedke kauft abends noch schnell im Supermarkt ein. **g** Die Fuhrmanns wollen nächstes Wochenende eine Radtour an die Ostsee machen. 3 **f b h g j a c e i d**.
4
- Während der Woche stehe ich gewöhnlich gegen sieben Uhr auf, am Wochenende meistens gegen halb zehn.
- Normalerweise hole ich Brötchen von der Bäckerei. Dann koche ich Kaffee und esse Brötchen mit Marmelade und Butter und trinke ein Glas Saft. Gewöhnlich lese ich auch die Zeitung.
- Meistens fahre ich mit dem Auto und nur selten mit dem Bus.
- Gewöhnlich habe ich zwischen 12 Uhr 30 und 13 Uhr 15 Mittagspause. Meistens esse ich in meiner Firma und nur gelegentlich esse ich in einem Restaurant zu Mittag.
- Gewöhnlich schaue ich Nachrichten im Fernsehen, lese ein Buch oder höre Radio.
- Manchmal besuche ich Freunde oder meine Eltern, gehe gelegentlich spazieren oder mache die Arbeit, die während der Woche liegen geblieben ist. Sonntags mache ich manchmal Tagesausflüge in die Umgebung.

Lesetext

a The percentage of Germans who can start the day free of stress. **b** 56% go by car. Some just find it more convenient, others live so far out of town that there is no other possibility for them than using their own car. **c** By public transport, rail or bus. **d** A good feeling that they are doing something for the environment.

Unit 3

1 **a** Bei der Deutschen Bank. **b** Es ist schwierig, Arbeit zu finden. **c** Ungefähr 1,8 Millionen. **d** Englisch. **e** Nach Florenz, in Italien. 2 **a** bestehen **b** Stellung **c** überfüllt **d** aufnehmen **e** mache Gebrauch von (meinen Englischkenntnissen). 3 **a** F. Für

Akademiker in Deutschland bestehen Schwierigkeiten, Arbeit zu finden. **b** F. Birgit kennt sehr viele Leute, die studiert haben und jetzt arbeitslos sind. **c** R. **d** R. **e** F. Birgit macht in ihrem Beruf jeden Tag von ihren Englischkenntnissen Gebrauch. *TIP 1* Heinz says: Hast du das aufgeben müssen? **and not** Musstest du das aufgeben? **4 a** gearbeitet **b** studiert **c** beworben **d** passiert **e** verbracht **f** gegangen **g** geworden **h** gefahren **i** besucht **j** verkauft. Verbs which take **sein** are: **d** passieren **f** gehen **g** werden **h** fahren. **5 a** Dort habe ich auch die Schule besucht. **b** Mit 19 Jahren habe ich das Abitur bestanden. **c** Danach habe ich eine Lehre angefangen. **d** Ich habe mich bei der Dresdner Bank beworben. **e** Es gab viele Bewerber, aber ich hatte Glück. **f** Ich durfte auch 3 Monate in einer Zweigstelle in New York arbeiten. **g** Dort habe ich viel gelernt und ich konnte auch mein Englisch verbessern. **h** Vor einem Jahr habe ich meine Banklehre abgeschlossen. **6 a** Dort besuchte ich auch die Schule. **b** Mit 19 Jahren bestand ich das Abitur. **c** Danach fing ich eine Banklehre an. **d** Ich bewarb mich bei der Dresdner Bank. **e** Es gab viele Bewerber, aber ich hatte Glück. **f** Ich durfte auch 3 Monate in einer Zweigstelle in New York arbeiten. **g** Dort lernte ich viel und ich konnte auch mein Englisch verbessern. **h** Vor einem Jahr schloss ich meine Banklehre ab. **7 a** Kindergarten **b** Grundschule **c** Hauptschule **d** Realschule **e** Gymnasium **f** Berufsschule **g** das Abitur **h** Staatsexamen. **8 a** Peter wird nächsten Sommer in die Schule kommen. **b** Das Seminar wird um 16.00 Uhr anfangen. **c** Frau Dr. Martini wird die Vorlesung halten. **d** Susanne wird ihre Lehre bei der Telekom machen. **e** Ich werde meinen Sprachkurs in Madrid machen. **f** Ich werde in zwei Wochen meinen neuen Job anfangen. **9 a** F. Vera studiert Anglistik in vierten Semester. **b** R. **c** F. Ilona will Ende nächsten Semesters das Staatsexamen ablegen. **d** F. Sie wird sich beim Umweltministerium bewerben. **e** R. **f** R. **10** There are two examples: **a** Ich werde mich ... bewerben. **b** ..., wird hoffentlich wieder Nachfrage bestehen. **11 a** Ist hier noch frei? **b** Ich studiere Anglistik im dritten Semester. **c** Du hast aber Glück! **d** Ende nächsten Semesters will ich das Staatsexamen ablegen. **e** Und was möchtest du [dann] werden? **f** Und was hast du vor? **g** Ich möchte Gymnasiallehrerin für Englisch werden. **h** Es hat viel Spaß gemacht.

Mehr Übungen

1 a machen **b** bewerben **c** studieren **d** durchführen **e** treffen **f** lesen **g** besuchen **h** unterrichten **i** diskutieren **j** schreiben **k** ablegen **l** feiern.

Verbs which do not take **ge-** are: **bewerben, besuchen, diskutieren, studieren, unterrichten.**

2

ei - i - i	i - a - u	ei - ie - ie	ie - o - o	e - a - o
leiden	finden	steigen	anziehen	helfen
reißen	singen	treiben	fliegen	nehmen
schneiden	trinken		schießen	sprechen
			verbieten	sterben
			verlieren	

The seven verbs which take **sein** are: **fahren, fliegen, laufen, schwimmen, steigen, sterben, wachsen.** You can check the past tense forms of these verbs in the **List of common irregular verbs** at the back of the book.

3 a Morgen besuchen wir unsere Eltern. **b** Am Dienstag arbeite ich im Garten. **c** Demnächst lassen wir das Haus renovieren. **d** Ich fange bald mit meinem Englischkurs an. **e** Im Oktober fahren wir nach England. **f** Im September kommt Martin in die Schule. **g** In zwei Wochen fange ich meinen Job als Bedienung an. **h** Übermorgen gehe ich zum Friseur. **i** Am Wochenende gehen wir zum Windsurfen. **j** Übrigens, das Abendessen ist gleich fertig!

4

– Ich wollte eigentlich studieren, aber ich wollte auf keinen Fall arbeitslos werden. Deshalb will ich eine Lehre machen.

– Ich möchte unbedingt eine Schreinerlehre machen. Aber die Leute mit Hauptschulabschluss oder mittlerer Reife haben da größere Chancen.

– Ich weiß, dass sich immer mehr Leute mit Abitur um diese Stellen bewerben. Aber ich möchte lieber kreativ arbeiten als einen Bürojob machen.

– Dann möchte ich Biologie studieren und Lehrer werden. Hoffentlich wird dann wieder Nachfrage nach Lehrern bestehen, wenn ich mit dem Staatsexamen fertig bin.

Lesetext

a Im Schnitt sind sie 27,9 Jahre alt. **b** 22 Jahre alt. **c** In Großbritannien studiert man im Durchschnitt weniger als vier Jahre und in Deutschland über sieben Jahre. **d** In Japan. **e** Über sieben Jahre [wie die Deutschen]. **f** In Italien.

1 a Sie geht dort zu einem Ingenieur-Kongress. b Sie sind immer noch eine Minderheit. c Er arbeitet seit sieben Jahren bei seiner Firma. d Die Firma stellt Werkzeugmaschinen her. e Er fliegt nach Budapest, um dort Verhandlungen mit einer ungarischen Firma zu führen. f Er möchte mehr Zeit für seine Frau und Kinder haben. g Beide reisen gern. 2 a bilden b herstellen c beschäftigt d im Allgemeinen e zufrieden. *TIP 1* a Ja, **wenn** man so ein bisschen genauer hinschaut, findet man heutzutage Frauen in fast jedem Beruf. b Und was sind Sie von Beruf, **wenn** ich fragen darf? c Zeitmangel ist ja eins der größten Probleme, **wenn** man berufstätig ist. 3 a Frau Kubig kommt aus Stuttgart und sie ist Bauingenieurin. b Sie fährt nach Wien, denn sie möchte einen Kongress besuchen. c Herr Krause ist kein Ingenieur, sondern er ist leitender Angestellter. d Seine Arbeit gefällt ihm, denn er lernt viele neue Dinge. e Er reist viel, aber Geschäftsreisen nehmen viel Zeit in Anspruch. f Trinken Sie noch Kaffee oder brauchen Sie jetzt einen Schnaps? g Machen Sie jetzt die nächste Übung oder möchten Sie eine Pause machen? 4 Herr Johnson lernt Deutsch, weil ... a er geschäftlich oft in München ist. b er Verhandlungen auf Deutsch führen muss. c er die *Süddeutsche Zeitung* lesen möchte. d er gern Weine aus Rheinhessen trinkt. f seine Freundin aus Berlin kommt. 5 a Deutsch als Fremdsprache b sehr gut c die Bezahlung d Gymnasiallehrer e Zivildienst f anstrengend g Sozialarbeiter 6 1 -c 2 -a 3 -c 4 -b 7 a Lange nicht gesehen. b Und was machst du jetzt für eine Arbeit? c im Allgemeinen d Sie haben es nötig ... e wenn das so ist 8 a Normalerweise arbeitet sie von neun Uhr morgens bis halb fünf oder fünf Uhr abends. b Die Arbeitsatmosphäre ist sehr gut. Mit ihren Kollegen arbeitet sie gut im Team zusammen. c Ihr gefällt es, dass ihr Job sehr kreativ ist und ihr gefällt die Arbeit im Team. d Ihr gefällt nicht, dass sie oft unter Termindruck arbeiten muss. e Sie verdient etwa 3000,- Euro brutto. f In ein paar Jahren möchte sie sich selbstständig machen. 9 a Termindruck b Bezahlung c Teilzeitkraft d Vollzeitkraft e Urlaubsgeld f Weihnachtsgeld g Rentenversicherung h selbstständig i Verantwortung j Herausforderung 10 a ... einer PR-Firma. b ... ist generell sehr gut. c ... für Humor. d ... langweilig. e ... zufrieden. f ... Termindruck arbeiten muss. g ... selbstständig machen. h ... richtige Herausforderung.

Mehr Übungen

1 i The job titles are: Bauingenieur, leitender Angestellter, Angestellter und Beamter

ii a Arzt → Ärztin, Koch → Köchin, Rechtsanwalt → Rechtsanwältin, Tierarzt → Tierärztin, Zahnarzt → Zahnärztin b Psychologe → Psychologin c Feuerwehrmann → Feuerwehrfrau, Krankenpfleger → Krankenschwester

2 a Friseurin b Ärztin c Klempner d Lehrerin e Kellner f Apothekerin g Übersetzer h Landwirt i Psychologin j Aktienhändlerin k Architektin.

3 i a Herr Krause fliegt oft nach Budapest, weil er dort geschäftlich zu tun hat. b Claudia gefällt ihr Beruf, obwohl sie oft unter Termindruck arbeiten muss. c Sie arbeitet gern im Team, weil ihre Kollegen alle Sinn für Humor haben. d Sie möchte sich selbstständig machen, obwohl das mehr Stress bedeutet. e Claudia möchte eine eigene Firma gründen, weil dies eine Herausforderung ist.
ii a Weil er dort oft geschäftlich zu tun hat, fliegt Herr Krause oft nach Budapest. b Obwohl sie oft unter Termindruck arbeiten muss, gefällt Claudia ihr Beruf. c Weil ihre Kollegen alle Sinn für Humor haben, arbeitet sie gern im Team. d Obwohl das mehr Stress bedeutet, möchte sie sich selbstständig machen. e Weil dies eine Herausforderung ist, möchte Claudia eine eigene Firma gründen.

4
– Ich bin Bauingenieurin und bin im Allgemeinen sehr zufrieden mit meinem Beruf. Mir gefällt besonders, dass ich soviel reisen kann. Aber natürlich ist Zeitmangel eines meiner größten Probleme. Und was machst du jetzt?
– Das stelle ich mir aber sehr schwierig vor. Was willst du jetzt machen?
– Gute Idee! Zur Zeit werden ja viele Stellen angeboten, die auf diesem Gebiet Kenntnisse verlangen. Ich wünsche dir viel Glück dabei.

Lesetext
1 Personal data, schooling, higher education, placements, work experience, special skills, IT skills.

2 a Ihre Kindheit verbrachte Maria in München. b Ihr Abitur machte sie 1989. c Sie studierte von Oktober 1989 bis Juni 1995. d Nach ihrem Studienabschluss arbeitete sie bei Unilever. e Sie ist Referentin für Personalfortbildung (bei Hapag-Lloyd).

Unit 5

1 a R. b R. c F. Sie findet Sport langweilig. d F. Sie sagt, dass es in München sehr viele Möglichkeiten gibt. e R. f F. Sie interessiert sich für Theater, geht aber auch regelmäßig in Ausstellungen. 2 a Ich interessiere mich eben für alles, was ... b Was ich ganz toll finde, ist ... c Ich schätze die Klassiker... d Im Allgemeinen ziehe ich ... vor. e Das interessiert mich nicht. f Sport hat mich schon immer gelangweilt. 3 a-vi b-vii c-ii d-v e-iv f-i g-viii h-iii. 4 b an c an/über d um e mit/über f mit g mit/über h von i auf 5 a Ärgern Sie sich über das Wetter? b Verstehen Sie sich gut mit Ihren Kollegen? c Glauben Sie an Ufos? d Interessieren Sie sich für Kunst? e Können Sie sich für Techno-Musik begeistern? f Freuen Sie sich auf die Ferien? 6 a Führerschein b dritten c Turnieren d schwimmt e Leute f eingebunden g flexibel 7 1 b 2 c 3 a 4 b *TIP* 2 a Er sagt, es ist eine gute Gelegenheit, neue Leute kennen zu lernen. b Sebastian meint, es würde ihm nicht gefallen, so eingebunden zu sein. c Er zieht es vor, seine Freizeit flexibel zu gestalten. d Nein, es gefällt mir zu trainieren. 8 a ... in die Disco zu gehen. b ... bald meinen Füherschein zu machen. c ... ein Bier zu trinken. d ... nachher ins Restaurant zu gehen. e ... noch Karten für das Konzert zu bekommen. f ... meine Freizeit selbst zu gestalten. 9 a F. Sie geben nächstes Wochenende eine große Party. b F. Sie fahren mit ihrem Kegelclub nach England. c R. d F. Ihr gefällt es, dass man öfter neue Leute trifft. e R. f F. Sie haben schon Städtereisen mit dem Club gemacht. 10 i a ...viele Vorteile. b mag ganz besonders c auch gern mal d ... uns beiden doch viel Spaß machen. ii a ... längst genug. b ... uns beiden nicht so gefällt. c ... meinem Geschmack. d ... mir überhaupt nicht gefallen. 11 a Habt ihr nächste Woche schon was vor? b Toll, da kommen wir gern. c Könnt ihr das nicht mal ausfallen lassen? d So ein Pech. e Das sagt uns auch nicht immer zu. f Also, ich hätte schon längst genug. g Das wäre ganz und gar nicht nach meinem Geschmack.

Mehr Übungen

1 a Ja, darauf freue ich mich sehr. b Nein, daran erinnere ich mich leider nicht. c Ja, darum bewerbe ich mich bestimmt. d Nein, darüber ärgere ich mich überhaupt nicht. e Ja, dafür interessiere ich mich ungeheuer. f Nein, darüber habe ich mich ganz und gar nicht gefreut.
2 a-iv b-vi c-v d-i e-vii f-ii g-iii

3

- Ich schwimme seit acht Jahren für einen Club und bin auch Mitglied in einem Kegelclub.
- Manchmal denke ich ja auch, dass es ein bisschen zu viel ist. Aber es hat auch eine Menge Vorteile.
- Man trifft viele Leute. Man hält sich auch fit und sieht viele neue Orte, wenn man mit den Clubs auf Turniere geht.
- Doch, ich interessiere mich für Kultur, aber ich mag Sport lieber.
- Ehrlich gesagt ziehe ich moderne Musik vor und ich gehe auch gerne ins Kino.

Lesetext

1 a R. **b** F. Sie ist die drittgrößte Stadt Deutschlands. **c** R. **d** F. München hat 50 Millionen Tagesbesucher und drei bis vier Millionen Übernachtungen pro Jahr. **e** R. **2 a** Euros per square metre for rent in Munich. **b** Number of museums. **c** Number of theatres. **d** Number of daily commuters. **e** Inhabitants of Munich. **f** Overnight stays per year. **g** Day-trippers to Munich.

Unit 6

1 a R. **b** F. Er sagt, die Antiraucherfanatiker sind schon viel zu weit gegangen. **c** F. Er ist Raucher. **d** F. Er sagt, sie verpesten die Luft. **e** R. **f** F. Er macht sich keine Sorgen. **2 a** Ganz und gar nicht! **b** Das ist ja ein Witz! **c** Da ist bestimmt etwas dran. **d** Das ist mir egal. **e** Mir macht das Rauchen unheimlich viel Spaß. *TIP 1* **a** Ganz und gar nicht. *Not at all.* **b** Das ist mir egal. *I don't care.* **3** Here are some possible answers: **a** Da bin ich ganz deiner Meinung. Da stimme ich mit dir überein. **b** Da bin ich Ihrer Meinung. **c** Da bin ich anderer Meinung. / Da muss ich widersprechen. **d** Nein. Da bin ich (ganz) anderer Meinung. **e** Da bin ich deiner Ansicht. Da stimme ich mit dir überein. **f** Da bin ich ganz deiner Meinung. / Da stimme ich mit dir überein. **4 a** *Wie* **b** *Was* denkst du *über die* Politik … **c** *von der* **d** *Sind* Sie *der …* **e** *darin überein* **f** *Wie* ist *deine/Ihre Ansicht …* **5 a** für **b** Zumutung **c** entspannen **d** negative **e** allergisch **f** wächst **6 a-v b-vi c-i d-ii e-iii f-iv 7 a** Darf **b** Könnt **c** kann **d** soll **e** will **f** Kannst **g** könnt, wollt, müsst **8 a** Sie hat mit fünf Jahren schwimmen gelernt. **b** Seit zehn Jahren. **c** Am Anfang hat sie zweimal eineinhalb Stunden, also drei Stunden trainiert. **d** Nein, sie trainieren mit anderen zusammen. **e** Im Moment trainiert sie fünfmal pro Woche. **f** Sie sagt, es ist eine gute Methode, sich gesundheitlich fit zu halten. **9 a** … du dieses Hobby denn schon? **b** ... in einen Schwimmclub einzutreten. **c** ... steigert sich das Trainingsprogramm. **d** ... wofür man trainiert. **e** ... gesundheitlich fit zu halten. **f** ... in Schwung. **g** ... am wenigsten. **h** ... Muskeln des Körpers.

Mehr Übungen

1 a Wie ist Ihre Meinung/Ansicht über ....? **b** Wie finden Sie ...? / Was halten Sie von ...? / Was denken Sie über ...? **c** Da müssen wir Ihnen widersprechen. **d** Stimmt das Ihres Erachtens? **e** Teilen Sie meine Meinung? **f** Da ist bestimmt 'was dran. **g** Da liegen sie völlig falsch. **h** Das sehen wir schon ein, aber ... . **2 a** des Rauchens **b** meines Bruders **c** der Fußballmannschaft **d** ihres Mannes **e** deiner Meinung **f** Meines Erachtens **g** meiner beiden Brüder **h** Ihrer Meinung **3 a** Berlin **b** stark **c** Problem **d** Zahl **e** zehnmal **f** Deutschland **g** anderthalb **h** zwei **i** jahrelangen **j** Krebs **k** Menschen

There are four more examples of the genitive: **i** ... den Gefahren des stark zunehmenden Alkoholismus ... **ii** Die Zahl der Alkoholtoten ... **iii** ... die der Drogentoten **iv** ... die Folgeschäden jahrelangen Alkoholmissbrauchs ...

4

– Ich habe mir Sorgen um meine Gesundheit gemacht. Außerdem ist mein Mann allergisch gegen Rauch.

– Ja, sehr sogar. Ich bin der Meinung, dass das Rauchen in der Öffentlichkeit verboten werden sollte. Besonders in Restaurants, wenn Leute essen.

– Oh, ja. Hast du eigentlich deinen Alkoholkonsum gedrosselt?

– War das, weil du dir Sorgen um die Folgeschäden des Alkoholmissbrauchs gemacht hast?

Lesetexte: Gesundheitstipps

a Sie sollten jeden Tag zwei Gläschen Rotwein trinken. **b** Er heißt Resveratol. **c** Man kann vor dem Schlafengehen einen Teelöffel Bienenhonig zu sich nehmen. **d** Man hat dann weder Kopfschmerzen noch Schwindelgefühle.

Lesetext: Raucher oder Nichtraucher?

a A very special service. In addition to the many cars which you can smoke in, they have also reserved a model for non-smokers. **b** At almost all passenger airline airports. **c** At more than 400 offices, at a travel agent's or around the clock on the free-call number 1030/2211. **d** It's Germany's number 1 car rental company.

Unit 7

1 a Sie möchte nächsten Freitag nach Berlin fliegen. **b** Um 19.20. **c** Um 20.25. **d** Sie möchte am Montagmorgen zurückfliegen. **e** Sie muss noch mit ihrer Chefin sprechen. **2 a** wenn es *geht* **b** *die Maschine* **c** es sind noch Plätze *frei* **d** *startet* der letzte Flug **e** das wäre nicht so *schlimm* **f** *Was kostet … TIP 1 a* Ich hätte gern gewusst, ob es abends nach 18.00 Uhr Flüge nach Berlin gibt. **b** Ich sehe mal auf dem Computer nach, ob noch Plätze frei sind. **c** Dann müsste ich auch noch wissen, ob ich Sonntagabend oder Montag früh zurückfliegen könnte. **3 a** Ist es möglich, die Spätmaschine zu nehmen? **b** Ich muss noch mal mit dem Reisebüro sprechen. **c** Darf ich Ihr Telefon benutzen? **d** Wissen Sie, wie teuer es mit dem Taxi ist? **e** Können Sie mir sagen, wo man in Berlin gut ausgehen kann? **f** Habt ihr Lust, mit ins Kino zu kommen? **4 i** Entschuldigung, könnten Sie mir sagen, … **a** … wie weit es bis in die Stadtmitte ist? **b** … was eine Tageskarte für die U-Bahn kostet? **c** … wie ich am schnellsten nach Charlottenburg komme? **d** … wo es hier in der Nähe eine Touristeninformation gibt? **e** … ob das hier vorne eigentlich die Gedächtniskirche ist? **f** … wo man hier in der Nähe gut essen gehen kann? **ii** Es tut mir Leid, aber ich weiss nicht, … **a** …. wie weit es bis in die Stadtmitte ist. **b** … was eine Tageskarte für die U-Bahn kostet. **c** … wie Sie am schnellsten nach Charlottenburg kommen. **d** … wo es hier in der Nähe eine Touristeninformation gibt. **e** … ob das hier vorne eigentlich die Gedächtniskirche ist. **f** … wo man hier in der Nähe gut essen gehen kann. **5 a** hätte **b** 109 **c** ungefähr **d** Güntzelstraße **e** drei **f** rechten **g** im Bus **6 a i** zu **ii** always takes the dative **b i** über **ii** because of 'gehen' it takes the accusative **c i** in **ii** because of 'kommen' it takes the accusative **d i** in **ii** it takes the dative because 'befinden' puts the emphasis on location **e i** neben **ii** it requires the dative because of 'sein' i.e. location **f i** von **ii** 'von' always takes the dative **7 a** Sie lebt seit über 20 Jahren in Berlin. **b** Sie sagt, dass die Berliner Humor haben und sagen, was sie denken. **c** Nach dem 1. Weltkrieg. **d** Es folgten 12 Jahre Diktatur. **e** Im Brücke-Museum wird expressionistische Kunst gezeigt. **f** Es bietet sehr viel – von eleganten Kaufhäusern bis hin zu alternativen Läden. **8 a** Geschichte **b** Dorf **c** Preußen **d** der 1. Weltkrieg **e** expressionistische Kunst **f** die „Goldenen Zwanziger" **g** Wiederaufbau **h** der Fall der Mauer **i** Einkaufen **j** Szene-Kneipen **9 a** … in Berlin geblieben. **b** … sie Humor haben und offen sagen, was sie denken. **c** … dem 1. Weltkrieg zu einer Weltstadt wurde. **d** … 12 Jahre Diktatur der National-sozialisten. **e** ... die Teilung der Stadt. **f** ... expressionistische Kunst sehen kann. **g** ... bietet Berlin fast alles. **h** ... viele Szene-Kneipen, Restaurants und Clubs.

Mehr Übungen

1 a der **b** die, zum **c** der **d** Zum, der **e** die, der **f** der, dem **g** den, dem

2

– Wir sind hier in der Brandenburgischen Straße. Sehen Sie die Ampel an der nächsten Kreuzung?

– Dort biegen Sie rechts in die Düsseldorfer Straße. Nach ungefähr 300 Metern kommen Sie zur Konstanzer Straße. Gehen Sie über die Konstanzer Straße, ungefähr 300 Meter geradeaus, bis Sie zur Bayerischen Straße kommen. Biegen Sie an dieser Kreuzung links in die Bayerische Straße.

– Nein, nicht rechts, sondern links in die Bayerische Straße. Dann ungefähr einen Kilometer weiter kommen Sie zur Pariser Straße.

– Bitte schön.

3 These are just some of the possibilities **A:** Könnten Sie mir bitte sagen, wann die erste Maschine am Mittwoch nach München startet? **B:** Um 6.35 Uhr. **A:** Und welche Fluglinie wäre das denn? **B:** Das ist British Airways. **A:** Dann möchte ich noch wissen, wann die Maschine in München ankommt. **B:** Um 7.50 Uhr. **A:** Könnten Sie mir auch sagen, wann die letzte Maschine zurück nach Berlin startet? **B:** Um 20.35 Uhr. **A:** Und schließlich hätte ich gern gewusst, wann die Maschine in Berlin ankommt. **B:** Um 21.55 Uhr.

Lesetext

a On Sunday/Monday night: Departure for Berlin. **Monday:** Arrival in Berlin at 8.00 am for a filling breakfast buffet in the Café Kranzler. Room allocation. A short tour of the city. Afternoon free. A communal dinner in the evening. **Tuesday:** Full-scale tour of the city. Communal dinner. **Wednesday:** Guided tour of Charlottenburg Castle. Afternoon free. **Thursday:** Visit to Potsdam. Communal lunch. Return journey around 3.00 pm. **b Included:** Return bus journey. 3 nights stay with breakfast. 1 breakfast buffet on arrival, 3 warm meals, guided tours and sight-seeing, luxury bus. **c Additional info:** Theatre tickets should be booked in good time. An address and phone number are given where tickets can be ordered for all events.

Unit 8

1 a F. Er ist zum ersten Mal in Deutschland. **b R. c R. d F.** Sie sagte ihm, dass die Deutschen sehr früh aufstehen. **e F.** Er findet, dass die Straßen und Häuser in Deutschland viel sauberer und gepflegter aussehen. **f F.** Er meint, dass die Leute sich sehr viel Arbeit machen, wenn sie ein Fest vorbereiten, und dass Geburtstage viel mehr gefeiert werden. **g F.** Er sagt, die Leute schicken sich sogar Karten, wenn sie nicht zusammen feiern. Das ist in England weniger der Fall. **2 a** froh **b** arbeitsam **c** ordnungsliebend **d** sauber **e** gepflegt *TIP 1* Two examples of the comparative are: **a** ... dass die Straßen und Häuser in Deutschland viel sauberer und gepflegter aussehen. **b** Das ist in England weniger der Fall. **3 b** gastfreundlicher **c** toleranter **d** herzlicher **e** weltoffener **f** humorvoller **4 a** -e **b** -en **c** -en **d** -en **e** -en, -en **f** -e **g** -en **5 a** unterschiedlich **b** gründlich **c** guten **d** weniger **e** Fremdsprachen **f** viel Wert **g** hoch **6 a** Nimm doch nur mal die Ausbildung in Deutschland. **b** So viel Wert wird auf Qualifikationen gelegt. **c** Die Kehrseite der Medaille ist allerdings der Leistungsdruck. **d** Ich weiß nicht, wohin das noch führen soll. **e** Ich glaube, dass die Deuschen im Allgemeinen ihre Freizeitaktivitäten viel systematischer angehen. **f** Da ist sicher ein Körnchen Wahrheit dran. **g** Du erscheinst mir nicht wie der typische Deutsche. **7 a** Lothar sagt, dass das Essen in Italien fantastisch schmecke. **b** Herr Martinez meint, dass man in Berlin sehr gut einkaufen könne. **c** Frau Knoob findet, dass Hamburg einen wirklich tollen Hafen habe. **d** Gabriela ist der Meinung, dass Schottland wirklich interessant sei. **e** Frau Clemens findet, dass es die schönsten Strände in Brasilien gebe. **8** Here opinions may sometimes differ, but we suggest the following: **b** D **c** E **d** E **e** D **f** D **g** E **h** D. On the recording **a, b, d, f** and **g** are mentioned. **9 a** Sie meint, dass London eine schöne Stadt sei. **b** Sie dachte, dass die Engländer kühl und reserviert seien. **c** Sie sagt, dass sie nette Leute kennen gelernt habe. **d** Sie denken, dass die Deutschen sehr sauber und korrekt seien. **e** Sie glauben, dass sie sich nur von Bratwürsten mit Sauerkraut und Schweinebraten mit Klößen ernähren. **10 a** ... einfach super. **b** kühl und reserviert seien. **c** ... nette Engländer kennen gelernt. **d** ... eigentlich fast so wie in Deutschland. **e** ... früh aufstehen. **f** ... mit Sauerkraut und Schweinebraten mit Klößen ernähren. **g** ... will sie auf jeden Fall wieder nach England fahren.

Mehr Übungen

1 i a -es **b** -er **c** -em **d** -es **e** -e, em **f** -e **g** -e **h** -en **i** -e
ii a -es **b** -en **c** -en **d** -en **e** -en **f** -es **g** -e **h** -en **i** -es **j** -es
iii a -e **b** -e **c** -en **d** -es, -es **e** -en **f** -e **g** -e **h** -es **i** -

– Ich habe mich weitgehend an die englische Lebensart angepasst, obwohl ich mich bemüht habe, meine deutsche Kultur und Sprache nicht zu vergessen.
– Ich weiß, dass sie existieren, aber glücklicherweise sind sie mehr die Ausnahme als die Regel. Manchmal fragen mich die Leute über die typisch deutschen Eigenschaften, wie die deutsche Gründlichkeit, oder ob die Deutschen wirklich so früh aufstehen und so hart arbeiten.
– Meistens lache ich und sage, dass ich sehr skeptisch bin, was diese typisch deutschen Eigenschaften anbelangt. Ich glaube, man kann sie auch in Menschen anderer Nationalität entdecken.

Lesetext

a Sie reisten 77 Millionen Mal. **b** Italien vor Spanien und Österreich. **c** Immer mehr Touristen fliegen. **d** Im letzten Jahr gab es rund 15,5 Millionen Übernachtungen.

Unit 9

1 a F. Er meint, dass die Politiker und die Industrie mehr unternehmen müssten. **b** R. **c** F. Sie ist der Meinung, dass wir ganz von der Atomkraft wegkommen sollten. **d** F. Beide sparen sehr viel Energie im Haus. **e** R. **f** R. **2 a** Umweltschutz **b** Energien **c** Atomkraft **d** umweltfreudlich **e** Solarzellen **f** Energiesparlampen **g** Sprit *TIP 2* Here are examples from the text: **a** ... auch die Politiker und die Industrie *müssten* mehr unternehmen. **b** Man *sollte* mehr Geld ... **c** ... wo und an welcher Stelle ich Energie noch aktiver einsparen *könnte*. **d** Von Atomkraft *sollte* man auf Dauer ... **e** Biomasse könnte doch ... **f** Abgesehen davon *müsste* die Sonnenenergie ... **g** ... das *wäre* vielleicht auch eine ganz gute Alternative ... **h** ... (mit) anderen Energiequellen arbeiten *sollten*. **i** ... mit dem man die Autos betreiben *könnte*. **j** Die Autos *könnte* man auch abschaffen. **k** Was man da an Sprit sparen *würde* ... **l** ... das *wäre* eine tolle Maßnahme! **m** ... das *wäre* auch super.

3 possible answers:

a Umwelt*schutz*	**d** Atom*kraft*	**g** Sonnen*energie*
b Energie*quellen*	**e** Energie*sparen*	**h** Solar*energie*
c Energie*sparlampe*	**f** Bio*masse*	**i** Solar*zelle*

4 a Wenn Herr Paul in der Stadt seiner Wahl leben könnte, würde er am liebsten in San Francisco leben. b Wenn er im Lotto gewinnen würde, würde er eine Weltreise machen. c Wenn er in die Vergangenheit reisen könnte, würde er in die Antike fahren. d Wenn er mit einem Popstar essen gehen könnte, würde er am liebsten mit Madonna essen gehen. e Wenn er eine bekannte Person interviewen könnte, würde er am liebsten Michael Schumacher interviewen. f Wenn er in einem Film mitspielen könnte, würde er gerne im neuesten James Bond-Film mitspielen. 5 a Bierdose b Parkarbeiter c Nase d sinnvolle e Container f Tasche g kurz 6 a-iv b-v c-vi d-i e-ii f-iii 7 a Was geht Sie das denn an? b Ist doch sowieso alles schon zu spät. c Wollen Sie mich auf den Arm nehmen? d Dieser ganze Quatsch mit … e Und jetzt lassen Sie mich in Ruhe. 8 a Er hat davon gelesen. b Sie hat drei Tonnen zu Hause in ihrer Garage. c Das Altpapier kommt in die blaue Tonne. d Sie sagt, dass jetzt jeder etwas für die Umwelt tun kann. e Man muss Geld bezahlen. f Sie kommen in spezielle Container. 9 a Verpackungen b Blechdose c Sondermüll d Altbatterien e Farbe f Sammelstelle 10 a … komisch b … sich um den Müll zu kümmern. c … getrennt gesammelt und dann wieder verwertet oder umweltfreundlich entsorgt wird. d … die blaue Tonne. e … der Biomüll. f … in einen Sack. g … Sammelstelle gebracht/gefahren werden. h … einen Container. i … etwas für die Umwelt tun kann.

Mehr Übungen

1 The following are only sample answers: a Wenn ich du wäre, würde ich weniger arbeiten. b An deiner Stelle würde ich mehr studieren. c Wenn ich du wäre, würde ich mich um eine neue Stelle bewerben. d Wenn ich du wäre, würde ich weniger Süßigkeiten essen. e Wenn ich du wäre, würde ich mal Top of the Pops hören. f An deiner Stelle würde ich mal zum Friseur gehen. 2 a Durch Solarzellen wird Energie erzeugt. b Altglas wird wieder verwertet. c Blechdosen werden zum Container gebracht. d Der Sondermüll wird zur Sammelstelle gebracht. e „Die Grünen" wurden 1979 gegründet. f Ich bin der Meinung, dass nicht genug/genügend für die Umwelt getan wird. g Man könnte zum Beispiel mehr mit öffentlichen Verkehrsmitteln fahren. Man könnte im Haus Energie sparen. Außerdem wäre es möglich, …

3
– Also, es gibt eine braune Tonne für Biomüll, eine blaue für Papier und einen Plastiksack für alle Verpackungen, die den Grünen Punkt haben.
– Alles wird im Wechsel vierzehntägig abgeholt.

– Ja, die meisten Leute machen mit. Wenn man nicht mitmacht, muss man saftige Strafen zahlen. Es gibt ja auch Aufklärungsblätter und so weiter, um die Bevölkerung zu informieren. Gibt es eigentlich große Unterschiede zwischen Deutschland und England?

– Ich glaube, dass Recycling eine sehr sinnvolle Sache ist. Denn wenn wir jetzt nichts für die Umwelt tun, wie sieht dann die Welt für die Kinder in der Zukunft aus?

– Natürlich, aber es ist zumindest ein Anfang gemacht.

Lesetext: Waldsterben

a It has improved slightly. **b** 20%. **c** When it has lost a quarter of its needles or leaves. **d** Oaks.

Lesetext: Mülltrennung

a Denise: … fände es gut, wenn jeder bewusster mit der Umwelt umgehen würde. **b** Julian: Schon bei uns auf der Grundschule haben wir gelernt, wie wichtig Mülltrennung und vor allem Müllvermeidung ist … **c** Danilo: Ist ja auch wirklich keine große Aktion, die Sachen in verschiedene Mülleimer zu werfen. **c** Danilo: Das mit der Mülltrennung finde ich voll okay.

Unit 10

1 a Täglich erscheinen etwa 400 Zeitungen in Deutschland. **b** Anders als in Großbritannien dominieren sie den Zeitungsmarkt. **c** Politisch ist die *Frankfurter Allgemeine Zeitung* eher konservativ. **d** Die *Bild* hat eine Auflage von etwa 4,5 Millionen. **e** Computerzeitschriften, Magazine für Essen und Trinken und Zeitschriften über Motorsport. **f** Den *Spiegel* gibt es seit 1947. **2 b** Regionalzeitungen **c** überregionale **d** linksliberal **e** Boulevardzeitung **f** Auflage, Exemplaren **g** Nachrichtenmagazine **h** Zeitungen, Zeitschriften **TIP 1 a** Wer sich noch weiter informieren möchte, wird dann vielleicht noch eine der überregionalen Zeitungen lesen, **die** man in ganz Deutschland bekommen kann. **b** Die bekanntesten Wochenzeitungen sind *Die Zeit* und *Die Woche*, **die** beide aus Hamburg kommen. **3 a** *die tageszeitung* **b** *Frankfurter Allgemeine Zeitung* **c** *Hamburger Morgenpost* **d** *Süddeutsche Zeitung* **e** *Westdeutsche Allegemeine Zeitung* **4 a-iv b-vi c-v d-i e-ii f-iii 5 1-c 2-b 3-b 4-c 5-c 6-c 7-b 8-a 6 a** Das größte Bundesland ist Nordrhein-Westfalen. **b** Das kleinste Bundesland ist Bremen. **c** Hamburg und Bremen werden auch Stadtstaaten genannt. **d** Wahlen gibt es alle vier Jahre. **e** Der Bundespräsident hat vor allem repräsentative Aufgaben. **f** Das föderalistische

Prinzip ist ein Grundpfeiler der politischen Struktur Deutschlands. 7 a Herzlich willkommen zu einer neuen Ausgabe von … b Unser erstes Thema heute ist Deutschland. c Nun, stellen Sie sich einmal die Europakarte vor … d Wie Sie wissen, besteht Deutschland aus 16 BundesLändern. e Wenn ich Sie fragen würde … f Insgesamt sind es neun Länder … g Aber wie viele Abgeordnete hat der Bundestag eigentlich? h Mehr darüber in der nächsten Woche. 8 a R. b F. Der Motor der deutschen Wirtschaft war das produzierende Gewerbe. c F. Deutschlands Wirtschaft exportiert mehr. d F. Die wichtigsten Handelspartner sind die Länder der EU. e R. f F. Viele Firmen haben ihre internationale Präsenz verstärkt. 9 a das produzierende Gewerbe b Maschinenbau c chemische Industrie d Dienstleistungssektor e Wirtschaftszweige f Handelspartner g Export/Ausfuhr h Globalisierung 10 a … das produzierende Gewerbe. b … Volkswagen, BMW und Mercedes-Chrysler. c … die chemische Industrie und der Maschinenbau. d … sind die Länder der EU. e … ist die hohe Arbeitslosigkeit. f … sind nicht so viele Jobs geschaffen worden, wie in den USA oder in Großbritannien. g … international präsent sein. h … optimistisch.

Mehr Übungen

1 Das ist Herr Franke, … a der als Journalist arbeitet. b dessen Frau auch Journalistin ist. c dessen Sohn in den USA studiert. d der einen roten Ferrari fährt. e der meistens italienische Anzüge trägt. f den man auf vielen Partys sieht. g von dem ich noch € 200 bekomme. 2 b Einwohner c Demokratie d Bundestag e Abgeordnete f gewählt g Macht h Bundeskanzler i Bundespräsident j Aufgaben k Export l Wirtschaftszweige m Handelspartner

3
– Das produzierende Gewerbe ist sehr wichtig. Es ist der Motor der deutschen Industrie.
– Auch die chemische Industrie und der Maschinenbau sind sehr wichtig.
– Die Banken und Versicherungsfirmen spielen auch eine große Rolle.
– Ja. Die Autoindustrie zum Beispiel exportiert mehr als 60% ihrer Produkte.
– Ein Drittel aller Arbeitsplätze hängt vom Export ab.
– Die wichtigsten Handelspartner sind die Länder der EU.
– Ich denke, dass die Globalisierung immer wichtiger werden wird. Insgesamt bin ich sehr optimistisch.

Lesetext: 100 deutsche Jahre

a Thema ist das Leben der Deutschen in den letzten 100 Jahren. **b** Es gibt 52 Folgen. **c** Sie wollen die Alltagsgeschichte, die Erfahrung einfacher Leute zeigen. **d** Die Serie wird auch in Englisch und Spanisch gezeigt.

Lesetext: Das Internet

a Nachrichten & Medien – Zeitschriften **b** Städte & Länder – EU **c** Finanzen & Wirtschaft – Geld.

Units 1–2

1 a Most questions either start with a question word (**wer, wie, was,** etc.) or they can be formed by putting the verb first (**Sind sie Frau Peters?**). The second type are often called **ja/nein** questions as they usually require either *yes* or *no* as an answer. **b** Typical masculine endings: -ig, - ismus, -ist, -ling, -or; typical feminine endings: -a, -ei, -enz, -heit, -ie, -ik, -ion, -keit, -schaft, -tät, -ung, -ur; typical neuter endings: -chen, -(i)um, -lein, -ment, -tel, -tum. **c** Some prefixes such as **an-, auf-, ein-** are always separable, some such as **über-, unter-** can be separable or inseparable and others, for instance **be-** or **ge-**, are always inseparable. **d** The subject normally goes after the verb: **Morgen fahre ich nach Berlin.** This principle is called subject–verb inversion and often causes problems for English speakers. **e** The rule in German is *time–manner–place*. In the example, the expression of *time* [**heute Abend**][1] precedes *manner* (how/with whom) [**mit meiner Freundin**][2] and *place* [**ins Kino**][3].

2 a 35 years old. **b** 3 sons – Florian, 9, Kai, 6 and Lukas nearly 3. **c** Doctor's receptionist; 20 hours per week. **d** She often gets out with the children – e.g. inline skating, cycling, swimming. **e** Flea markets, reading and her computer

Units 3–4

1 a Sie ist in München aufgewachsen und (sie) hat dort ihr Abitur gemacht. **b** Sie hat Informatik studiert, weil es ein interessantes Studienfach ist. **c** Sie hat schon Berufserfahrung gesammelt, während sie Studentin war. **d** Im Moment arbeitet sie drei Tage pro Woche, denn sie hat ein Kind. **e** Sie möchte

Vollzeit arbeiten, wenn ihr Sohn in den Kinderga

2 a i Simple past tense/*Präteritum*; **fahren** (→
irregular verb. **ii** Perfect tense; **arbeiten** is a
iii Simple past tense/*Präteritum*; **machen** is a
iv Simple past tense/*Präteritum*; **(sich) bewerben**
an irregular verb. **v** Perfect tense; **gehen** (→
irregular verb which also requires **sein** in th
b Either with **werden** together with the infiniti~~ve or~~
question or with the present tense. However, Germans prefer to
use the present tense as long as the context makes the time
reference clear, e.g. **Morgen Abend gehe ich tanzen. c** Co-
ordinating conjunctions usually join two main clauses together
and won't change the word order. This group includes: **aber,
denn, oder, sondern** and **und.** Subordinating conjunctions
include: **als, bis, dass, nachdem, obwohl, während, weil** and
wenn. They send the verb to the end of the relevant clause. **d i**
No comma is required as it is one clause in German. **ii** A comma
is needed before **weil**, as it introduces a subordinate clause.

Units 5–7

1 a Examples of verbs followed by **zu** + infinitive are: **aufhören,
hoffen, vorziehen** and **versuchen. b** er/sie/es durfte, konnte,
musste. **c** They take **-es** for nouns with one syllable (**des
Mannes**) and **-s** for most other nouns (**des Autos**). **d** Können Sie
mir sagen, / Könnten Sie mir sagen, / Wissen Sie, … **i** wo die
Gedächtniskirche ist, bitte? **ii** wie ich zur nächsten
U-Bahnstation komme? **iii** ob ich mit diesem Bus zum
Olympiastadion fahren kann? **e** It is important to remember
that prepositions require a certain case in German.

2 a *Formal*: **i** Wie ist Ihre Meinung/Ansicht über … ? **ii** Was
halten Sie von … ?; **i** Ich bin der Meinung/Ansicht, dass …
ii Meiner Meinung/Ansicht nach … *Less formal*: **i** Wie findest du
… ? **ii** Was denkst du über … ?; **i** Ich finde … **ii** Ich denke …
b *Formal*: Da haben Sie Recht. Da bin ich ganz Ihrer Meinung.
ii Da haben Sie Unrecht. Da muss ich widersprechen. *Less
formal*: **i.** Das stimmt. Das ist richtig. **ii.** Das stimmt nicht. Das
ist nicht richtig. **c i** These are just two possible answers. **i** Pro
Kultur: Ich interessiere mich für alles, was mit Kultur zu tun hat
und besuche regelmäßig Ausstellungen. Sport hat mich schon
immer gelangweilt. **ii** Pro Sport: Ich bin zwar kulturinteressiert,
aber im Allgemeinen ziehe ich sportliche Aktivitäten vor. Die
Oper zum Beispiel interessiert mich überhaupt nicht.

3 Salzb
the e
rea

202 key to the
self-assessme

sts

...rg lies 425 m above sea-level on the northern edge of ...stern Alps, almost in the centre of Austria. It can be ...hed easily by rail, car and air from all directions. It has ...bout 145,000 inhabitants. It is known throughout the world as the city of Mozart's birth (1756). It has had a music academy since 1953 and the university (founded in 1622) was re-established in 1962. Salzburg is also world famous because of its festival, its spa and conference facilities.

Units 8–10

1 a Vorurteil b gründlich c umweltbewusst d Mülltrennung e Boulevardzeitung d Bundesländer e Bundestag f Globalisierung.

2 a i -e, -en, -en; ii -e, -en, -e; iii -e, -en. b The passive is usually formed with the appropriate tense of the verb **werden**, plus the past participle of the verb in question. c i seien: Konjunktiv I; ii könnte: Konjunktiv II; sollten: Konjunktiv II; habe: Konjunktiv I. d Weak nouns tend to take -(e)n endings in all cases apart from the nominative singular: **Das ist Herr Becker. Kennen Sie Herrn Becker?** e i Das ist Sven, der aus Berlin kommt. ii Das Gebäude, das du dort drüben siehst, ist der Reichstag. iii Marlies, deren Tochter 18 Jahre alt ist, lernt Chinesisch.

3 a 15 altogether b the 400,000 foreigners living in Berlin c it's a service for the foreigners living in Berlin and a forum of understanding between Germans and ethnic minorities d it will stay on air – its future seems secured.

taking it further

Now that you have worked your way through *Improve Your German* you may want to take your German further. In this section we offer you a few suggestions for helping you achieve your goals.

Be aware of which of the four skills (listening and speaking, reading and writing) it is that you want to develop and then adopt a systematic approach. While development of one skill will to some extent assist the development of the other three, there really is no substitute for listening in order to improve your listening skills, speaking in order to improve your oral skills, and so on.

Listening

Try listening to German-language radio and TV stations. It's best to concentrate on short clips at first. If possible make a video or audio recording so that you can play the clip over as often as you like. Listen for the general gist on the first hearing and then try to pick up more and more detail until you have understood everything. You may need to look up key words that you have not been able to understand in context.

Speaking

Find German native-speakers who are willing for you to try out your German on them. If you cannot find anyone in your home area, then you will either need to make a trip to a German-speaking country or to find a German-speaking partner on the internet. Software such as MicrosoftNetMeeting enables people to talk to each other across the globe at a very low cost.

Sources of spoken German

- Satellite and cable TV channels (e.g. ARD, RTL, SAT1, ZDF)
- Radio stations via satellite and, within Europe, on Medium Wave after dark
- Internet – TV and radio stations have websites where you can often find audio and video clips of the latest newscasts. In some cases you may also find transcripts of the newscasts to help you if you run into difficulties.

Reading

Try tackling short articles in German newspapers or magazines (e.g. *Bild-Zeitung, Stern, Focus*). Again, the internet can help you find articles and information that might interest you. Use a German-language search engine or portal such as

http://www.google.de
http://de.yahoo.com
http://www.tiscali.de

You may also want to tackle some German literature. It's a good idea to start with short stories. There are several collections of short stories in parallel text form, i.e. in the German original, but with an English translation on the opposite page. In this way you will gradually increase your vocabulary and may even reach the point where you feel able to tackle Goethe's *Faust* in the original!

Writing

For writing, as for speaking, you really need a German native-speaker to read what you have written and make constructive suggestions for improvement. It is a good idea to make the exercise as realistic as possible by exchanging information and ideas either with a traditional pen-friend or with an internet partner using 'instant messaging'. This way you will be able to help your partner improve his/her English as you improve your German.

Websites

http://www.goethe.de The *Goethe Institut* is represented in most countries and staff may be able to inform you about German-language courses in your area. They will also have information on short intensive courses in Germany.

http://www.austria.org or **http://www.austria.org.uk** for information about Austrian life and culture.

http://www.swissinfo.ch for information about Swiss life and culture.

Viel Spaß beim Weiterlernen!

common irregular verbs

Here is a list of commonly used irregular verbs in German, most of which are featured in *Improve Your German*. It is not intended to be complete, but should help you to familiarize yourself with the most important forms.

* indicates that these verbs normally form their perfect tense with **sein**.

infinitive	present tense vowel change 3rd person sing.	simple past	past participle
anfangen *to start*	fängt an	fing an	angefangen
anrufen *to telephone*		rief an	angerufen
aufstehen *to get up*		stand auf	aufgestanden*
beginnen *to begin*		begann	begonnen
bieten to *offer*		bot	geboten
binden *to bind, tie*		band	gebunden
bleiben *to stay*		blieb	geblieben*
brechen *to break*	bricht	brach	gebrochen
brennen *to burn*		brannte	gebrannt
bringen *to bring*		brachte	gebracht
denken *to think*		dachte	gedacht
einladen *to invite*	lädt ein	lud ein	eingeladen
empfehlen *to recommend*	empfiehlt	empfahl	empfohlen
entscheiden *to decide*		entschied	entschieden
essen *to eat*	isst	aß	gegessen
fahren *to go (by vehicle), to drive*	fährt	fuhr	gefahren*

infinitive	present tense vowel change 3rd person sing.	simple past	past participle
fallen to fall	fällt	fiel	gefallen*
finden to find		fand	gefunden
fliegen to fly		flog	geflogen*
geben to give	gibt	gab	gegeben
gehen to go		ging	gegangen*
gelingen to succeed		gelang	gelungen*
gelten to be regarded	gilt	galt	gegolten
geschehen to happen	geschieht	geschah	geschehen*
haben to have		hatte	gehabt
halten to hold, keep	hält	hielt	gehalten
heißen to be called		hieß	geheißen
helfen to help	hilft	half	geholfen
kennen to know, be acquainted with		kannte	gekannt
kommen to come		kam	gekommen*
lassen to let, to leave	lässt	ließ	gelassen
laufen to run, walk	läuft	lief	gelaufen*
leiden to suffer		litt	gelitten
liegen to lie		lag	gelegen*
nehmen to take	nimmt	nahm	genommen
nennen to name		nannte	genannt
raten to advise	rät	riet	geraten
reißen to tear		riss	gerissen
reiten to ride		ritt	geritten*
rennen to run		rannte	gerannt*
riechen to smell		roch	gerochen
schaffen to create		schuf	geschaffen
scheinen to seem; to shine		schien	geschienen
schlafen to sleep	schläft	schlief	geschlafen
schlagen to hit	schlägt	schlug	geschlagen
schließen to shut, close		schloss	geschlossen
schneiden to cut		schnitt	geschnitten
schreiben to write		schrieb	geschrieben
schwimmen to swin		schwamm	geschwommen*
sehen to see	sieht	sah	gesehen

infinitive	present tense vowel change 3rd person sing.	simple past	past participle
sein *to be*	ist	war	gewesen*
singen *to sing*		sang	gesungen
sitzen *to sit*		saß	gesessen
sprechen *to speak*	spricht	sprach	gesprochen
springen *to jump*		sprang	gesprungen*
stehen *to stand*		stand	gestanden
steigen *to climb, to rise*		stieg	gestiegen*
sterben *to die*	stirbt	starb	gestorben*
tragen *to carry, wear*	trägt	trug	getragen
treffen *to meet*	trifft	traf	getroffen
treiben *to do (esp. sport)*		trieb	getrieben
treten *to step*	tritt	trat	getreten*
trinken *to drink*		trank	getrunken
tun *to do*		tat	getan
verbergen *to hide*	verbirgt	verbarg	verborgen
vergessen *to forget*	vergisst	vergaß	vergessen
vergleichen *to compare*		verglich	verglichen
verlieren *to lose*		verlor	verloren
vermeiden *to avoid*		vermied	vermieden
wachsen *to grow*	wächst	wuchs	gewachsen*
waschen *to wash*	wäscht	wusch	gewaschen
werben *to advertise*	wirbt	warb	geworben
werden *to become*	wird	wurde	geworden*
werfen *to throw*	wirft	warf	geworfen
wissen *to know*	weiß	wusste	gewusst
ziehen *to move; to pull, draw*		zog	gezogen*
zwingen *to force, compel*		zwang	gezwungen

glossary of grammatical terms

This glossary covers the most important grammar terminology used in this book.

adjectives Adjectives are used to provide more information about nouns. In English they can stand on their own after a verb, such as *to be* or *to seem*, or they can appear in front of a noun: The car is *new*. The *new* car wasn't cheap. Note that in German endings are needed on adjectives that come before a noun:

Das Auto ist *neu*. Das *neue* Auto war nicht billig.

adverbs Adverbs provide more information about **a** verbs: Wayne ran *quickly* down the stairs and **b** adjectives: I was *completely* exhausted.

In English, adverbs often (but not always) end in -ly. In German, adverbs often have the same form as adjectives:

Deine Arbeit ist *gut*. Your work is *good*.

Du hast das sehr *gut* gemacht. You did that very *well*.

articles In German there are three definite articles: **der** (masculine), **die** (feminine) and **das** (neuter). The indefinite articles are **ein** (masculine), **eine** (feminine) and **ein** (neuter). (See also **gender**.)

auxiliary verbs Auxiliary verbs are used as a support to the main verb, e.g. I *am* working; he *has* gone. The most important verbs in German are **haben, sein** and **werden**. These are used in the formation of the perfect **tense** and of the **passive**:

Ich *habe* gerade einen sehr guten Film gesehen. I *have* just seen a good film.

Die neue Schule *wurde* 1998 gebaut. The new school *was* built in 1998.

cases The four cases in German are: the *nominative*, the *accusative*, the *genitive* and the *dative*. Cases are used in German to express relationships between the various parts of the sentence.

Nominative – this is the case that indicates the **subject** of the sentence.
> **Der Mann** kauft einen Computer. *The man* buys a computer.

Accusative – this is the case that indicates the direct **object** of the sentence:
> **Der Mann** kauft *einen Computer*. The man buys *a computer*.

Dative – this is the case that indicates the indirect **object** of the sentence:
> **Wir haben den Computer** *meinem Bruder* **gegeben.** We gave the computer *to my brother*.

Genitive – this is the case that indicates possession:
> **Das ist der Computer** *meines Bruders*. That's *my brother's* computer.

Note that **prepositions** in German are followed by the accusative, dative or genitive case.

comparative When we make comparisons, we need the comparative form of the **adjective**. In English this usually means adding *-er* to the adjective or putting *more* in front of it: This shirt is *cheaper* than that one. This blouse is *more* expensive than that one.

In German *-er* is added to the adjective to form the comparative:
> **Dieses Hemd ist** *billiger* **als das da. Diese Bluse ist** *teurer* **als die da.**

(See also **superlative**.)

conditional The conditional mood is used to express a hypothetical situation or state which is subject to a condition. For instance, the sentence 'Peter would visit his mother, if he had a car.' tells us that Peter does not visit his mother and that he doesn't have a car (real situations). For him to visit his mother (as yet a hypothetical situation) he would have to have a car (condition). The conditional in German follows a similar pattern, using subjunctive forms of the verbs:
> **Peter** *würde* **seine Mutter** *besuchen*, **wenn er ein Auto** *hätte*.

conjunctions Conjunctions join words or clauses together. In German, a distinction is made between *co-ordinating conjunctions* and *subordinating conjunctions*. Co-ordinating conjunctions such as **und** *and*, **aber** *but* and **oder** *or* simply join two main clauses together and do not affect the word order:

Anna kommt aus München *und* ist 21 Jahre alt. Anna comes from Munich *and* is 21 years old.

Subordinating conjunctions include such words as **wenn** *when(ever), if,* **weil** *because,* **obwohl** *although* and **seitdem** *since* and send the verb to the end of the clause:

Er kann nicht kommen, *weil* er krank ist. He can't come, *because* he is ill.

Other subordinating conjunctions are: **während** *while,* **nachdem** *after,* **da** *as,* **ob** *whether* and **dass** *that.* (See **subordinate clause**.)

demonstratives Words such as *this, that, these, those* are called demonstratives or *demonstrative adjectives*:

This book is interesting. *Dieses* **Buch ist interessant.**
These exercises are very difficult. *Diese* **Übungen sind sehr schwierig.**

In German **dieser** (masculine), **diese** (feminine and plural,) **dieses** (neuter) are the most commonly used demonstratives.

gender In German, there are three genders, *masculine, feminine* and *neuter*: **der Tisch** *the table,* **die Lampe** *the lamp,* **das Haus** *the house.* In German, nouns have a gender irrespective of sex. For instance, the gender of the word for *girl* (**das Mädchen**) is neuter.

imperative The imperative is the form of the verb used to give orders or commands: *Help* me, please. In German, there are three main forms of the imperative, because of the various forms of address. *Helfen* **Sie mir, bitte!** (Sie form); **Hilf mir, bitte!** (du form); **Helft mir, bitte!** (ihr form).

infinitive The infinitive is is the form of the verb that you will find entered in the dictionary. In English, the infinitive is usually preceded by the word *to,* e.g. *to go, to play*. In German, the infinitive usually ends in **-en**: **gehen** *to go,* **spielen** *to play,* **machen** *to do,* etc.

irregular verbs see **verbs**

Konjunktiv I, Konjunktiv II see **subjunctive**

modal verbs Verbs which express concepts such as permission, obligation, possibility, etc. (*can, must, may*) are referred to as modal verbs. Verbs in this category cannot in general stand on their own. Modal verbs in German include **wollen** *to want to,* **können** *to be able to,* **dürfen** *to be allowed to.*

nouns Nouns are words like *house* **Haus**, *bread* **Brot** and *beauty* **Schönheit**. They are often called 'naming words'. A useful test of a noun is whether you can put *the* in front of it: e.g. *the house, the bread*. Nouns in German have one of three **genders** and take a capital letter.

object The term object expresses the 'receiving end' relationship between a noun and a verb. Look at the following sentence:

The dog bit the postman. **Der Hund biss den Postboten.**

The postman is said to be the object of the sentence, as he is at the receiving end of the action.

(See also **subject**.)

Sentences such as: *My mother gave my wife an expensive ring* have both a *direct object* (an expensive ring) and an *indirect object* (my wife) – indirect because the ring was given *to* my wife. In German the direct object requires the *accusative case* and the indirect object the *dative case*: **Meine Mutter gab** *meiner Frau* (dative) *einen teuren Ring* (accusative).

passive voice Most actions can be viewed in two different ways:

1 The dog bit the postman. *Active voice*
2 The postman was bitten by the dog. *Passive voice*

In German you will also find both the active and passive voice. The passive is normally formed with the verb **werden** rather than with the verb **sein**:

1 **Der Hund biss den Postboten.**
2 **Der Postbote** *wurde* **vom Hund gebissen.**

personal pronouns Personal pronouns refer, as their names suggests, to persons. In German they are: **ich** *I*; **du** *you* (informal singular), **Sie** *you* (formal singular); **er, sie, es** *he, she, it*; **wir** *we*; **ihr** *you* (informal plural), **Sie** *you* (formal plural); **sie** *they*. (See also **pronouns**.)

plural see **singular and plural**

possessives Words such as **mein** *my*, **dein** *your* (informal), **Ihr** *your* (formal), **ihr** *her* **sein** *his* are given the term *possessives* or *possessive adjectives*, because they indicate who something belongs to.

prepositions Words like in *in*, **auf** *on*, **zwischen** *between*, **für** *for* are called prepositions. Prepositions often tell us about the position of something. They are normally followed by a noun or a pronoun:

a This present is *for* you.
b *Despite* the weather I am going to walk.
c Your book is *on* the table.

In German prepositions require the use of a **case**, such as the accusative, genitive or dative:

a Dieses Geschenk ist *für dich*. (accusative)
b *Trotz des Wetters* gehe ich zu Fuß. (genitive)
c Dein Buch liegt *auf dem Tisch*. (dative)

pronouns Pronouns fulfil a similar function to nouns and often stand in the place of nouns mentioned earlier.

The *lamp* (noun) is modern. *It* (pronoun) is ugly. Die *Lampe* ist modern. *Sie* ist hässlich.

Note that in German the pronoun has to be the same gender as the noun which it stands for (**die Lampe → sie**). (See **nouns**.)

relative clauses Relative clauses are *subordinate clauses* which usually provide more information about a noun or phrase in the main clause. (See **subordinate clause**.) They are usually introduced by a relative pronoun, a word like *whom, whose,* etc. in English and like **der, deren,** etc. in German:

Do you know the man (whom) we saw in the bakery. Kennst du den Mann, *den* wir in der Bäckerei gesehen haben?
The woman whose husband works with me had an accident yesterday. Die Frau, *deren* Mann mit mir arbeitet, hatte gestern einen Unfall

Note that it is not possible in German, as it often is in English, to omit the relative pronoun.

singular and plural The terms singular and plural are used to make the contrast between 'one' and 'more than one': *book/books* **Buch/Bücher,** *dog/dogs* **Hund/Hunde**; *hat/hats* **Hut/Hüte**. Most plural forms in English are formed by adding an -s, but not all: *child/children, woman/women, mouse/mice*.

There are many different plural forms in German. Here are just three: **Kind/Kinder, Frau/Frauen, Maus/Mäuse**.

Some nouns do not normally have plurals and are said to be *uncountable*: **das Obst** *fruit*; **die Luft** *air*.

subject The term subject expresses a relationship between a noun and a verb. Look at the sentence 'The dog bit the postman'. Here the dog is said to be the subject of the verb *to bite*, because it is the dog that is doing the biting. In German the subject of the sentence needs to be in the *nominative case*: *Der Hund* biss den Postboten.

subjunctive The subjunctive mood has all but disappeared from use in modern English. It appears in set expressions, such as 'If I *were* you.' and 'God *forbid*.' In German there are two forms of the subjunctive:

a **Konjunktiv I** which is formed from the present tense form of the verb and which is mainly used in reported speech.

> **Christiane hat gesagt, dass Florian jetzt mit Birgit verheiratet *sei*.** *Christiane said that Florian is now married to Birgit.*

b **Konjunktiv II** which is formed from the past simple form of the verb and which is mainly used for indicating that an activity, event or state is hypothetical, possible or perhaps not true.

> **Ich *würde* mich freuen, wenn du kämest.** *I would be glad if you came.*

subordinate clauses Subordinate clauses are linked to a main clause and normally can't stand on their own: *He goes home <u>because it is late</u>*.

In German subordinating clauses are usually introduced by a subordinating **conjunction** *(dass, weil etc.)*:

> **Er geht nach Hause, <u>weil es spät ist</u>.**

Other types of subordinate clauses covered in this book are **relative clauses** and **indirect questions**:

> **Weißt du, *wer* heute Abend kommt?** *Do you know who is coming this evening?*

A subordinate clause is separated from the main clause by a comma or commas.

superlative The superlative is used for the most extreme version of a comparison:

a This shirt is the *cheapest* of all.
b This blouse is the *most expensive* of all.

The superlative in German follows a similar pattern:

a **Dieses Hemd ist das *billigste* von allen.**
b **Diese Bluse ist die *teuerste* von allen.**

(See also **comparative**.)

tense Most languages use changes in the verb form to indicate an aspect of time. These changes in the verb are traditionally referred to as tense, and the tenses may be *present, past* or *future*. Tenses are often reinforced with expressions of time:

> **Present:** *Today* I am staying at home. **Heute bleibe ich zu Hause.**

Past: *Yesterday* I went to London. **Gestern bin ich nach London gefahren.** / *Gestern* **fuhr ich nach London.**

Future: *Tomorrow* I'll be flying to Berlin. **Morgen werde ich nach Berlin fliegen.**

The German tenses dealt with in this book are the present (*das Präsens*), the simple past (*das Präteritum*), the perfect tense (*das Perfekt*) and the future tense (*das Futur*).

verbs Verbs often communicate actions, states and sensations. So, for instance, the verb *to play* **spielen** expresses an action, the verb *to exist* **existieren** expresses a state and the verb *to see* **sehen** expresses a sensation. A verb may also be defined by its role in the sentence or clause and usually has a **subject**. It may also have an **object**.

Verbs in German can be *regular* (often called *weak verbs*), or *irregular* (*strong or mixed verbs*). A list of the most common irregular verbs is provided on pages 206–8.

German–English glossary

This glossary is intended to help you recall and use some of the most important words that you have met during the course. It is not intended to be comprehensive.

~ indicates that this verb or its root form can be found in the **List of common irregular verbs** on pages 206–8.
| indicates that a verb is separable (e.g. **ab | bauen**).
With job titles, nationalities, etc., the female version is usually given in an abbreviated form, e.g. **der Akademiker (-)/die -in**. In the plural feminine nouns ending in **-in** add **-nen**, e.g. **die Akademikerin, die Akademikerinnen**.

Abkürzungen (abbreviations)
acc. – accusative adj. n. – adjectival noun coll. – colloquial dat. – dative
neut. – neuter gen. – genitive plur. – plural wk. n. – weak noun

ab und zu *now and again*
ab | fahren~ *to depart*
die Abfahrt (-en) *departure*
die Abgase (plural) *exhaust fumes*
der/die Abgeordnete (-n) (adj. n.) *member of parliament*
abgesehen von + dat. *apart from*
ab | hängen von + dat. *to depend on*
abhängig von + dat. *dependent on*
ab | holen *to pick up, collect*
das Abitur *school-leaving examination, taken at age 18+*
ab | legen *to sit, take (an exam)*

ab | schaffen *to abolish, get rid of*
ab | schließen~ *to finish (one's studies)*
der Abschluss (-¨e) *leaving exam*
die Abteilung (-en) *department*
achtlos *heedless(ly), without caring*
ähnlich *similar(ly)*
der Akademiker (-)/ die -in *graduate*
der/die Alkoholkranke (-n) (adj. n.) *person who is ill from alcohol-related problems*
allerhand *all sorts (of things)*
allgemein *general*

im Allgemeinen *in general*
allzu viel *too much*
als Nächstes *next*
das Alter *age*
die Ampel (-n) *traffic lights*
an I belangen *to concern*
Was ... anbelangt, ... *in so far as ... is concerned*
an I bieten~ *to offer*
andere *other, different*
andere Länder, andere Sitten *when in Rome, do as the Romans do; lit. different countries, different customs*
anders *different(ly)*
anderthalb *one and a half*
an I fallen~ *to come up (of work)*
der Anfang (-¨e) *beginning*
von Anfang an *from the start*
der Anfängerkurs (-e) *beginners course*
an I gehen~ *to concern*
Das geht dich nichts an. *That doesn't concern you.*
der/die Angestellte (-n) (adj. n.) *employee*
die Anglistik *English language and literature*
die Angst (-¨e) *fear, anxiety*
an I kommen~ *to arrive*
gut ankommen *to be well received*
die Ankunft (-¨e) *arrival*
der Anlass (-¨e) *occasion, reason*
an I melden *to register,*
annähernd *almost*
an I nehmen~ *to assume*
sich an I passen an (+ acc.) *to adapt to*
sich etwas an I schauen *to watch, look at something*
anschließend *afterwards, subsequently*
ansonsten *otherwise*
der Anspruch (-¨e) auf (+ acc.) *right to*
in Anspruch nehmen~ *to take up (of time, energy, etc.)*
anstatt (+ gen.) *instead of*

der Anteil (-e) *proportion*
an I wachsen~ *to grow, increase*
der Anwärter/die -in *candidate (for a job)*
die Anzahl *number*
arbeitsam *hard-working*
das Arbeitsamt (-¨er) *job centre*
die Arbeitslosigkeit *unemployment*
der Arbeitsplatz (-¨e) *workplace; job*
der Architekt (wk. n.)/die -in *architect*
sich ärgern (über + acc.) *to be annoyed (about)*
der Arm (-e) *arm*
jdn auf den Arm nehmen~ *to pull someone's leg* (coll.)
der Artikel (-) *article*
die Ärztekammer (-n) *chamber of doctors*
der Assistent (wk. n.)/die -in *assistant*
atmen *to breathe*
die Atomkraft *nuclear power*
die Auffassung (-en) *view, attitude*
auf I frischen *to freshen up, to polish up*
auf I geben~ *to drop, give up*
auf I gießen *to pour on*
auf I hören *to stop, cease*
auf I polieren *to brush up*
auf I räumen *to clear up*
auf I stehen~ *to get up*
der Aufwand *expense (in time/money)*
aufwendig *lavish*
die Ausbildung (-en) *training*
ausfallen lassen~ *to skip*
der Ausflug (-¨e) *excursion, trip*
aus I führen *to export*
ausführlich *detailed*
die Ausgabe (-n) *edition*
der Ausgang (-¨e) *exit, way out*
aus I geben~ *to spend (of money)*
aus I gehen~ *to go out*
ausgepumpt (coll.) *exhausted*
ausgiebig *thoroughly*

die Auskunft (-̈e) *information*
der Ausländer/die -in *foreigner*
aus | machen *to switch/turn off*
die Ausnahme (-n) *exception*
sich aus | schließen~ *to exclude oneself*
aus | sehen~ *to look (like)*
außer (+ dat.) *besides, except (for)*
außerhalb *outside (of a town)*
sich aus | sprechen~ für (+ acc.) *to speak in favour of*
die Ausstellung (-en) *exhibition*
sich aus | tauschen *to exchange views*
aus | tragen~ *to fight out*
aus | treten~ aus (+ dat.) *to leave (a club, a society, etc.)*

der Badeurlaub (-e) *swimming holiday*
die Bahn (-en) *railway*
mit der Bahn *by rail*
der Bahnhof (-̈e) *station*
bald *soon*
der Ballungsraum (-̈e) *conurbation*
die Banklehre (-n) *banking apprenticeship*
die Batterie (-n) *battery*
der Bauingenieur (-e)/die -in *civil engineer*
(das) Bayern *Bavaria*
bedeuten *to mean*
die Bedeutung (-en) *importance*
beeindruckend *impressive*
begegnen (+ dat.) *to encounter*
sich begeistern für (+ acc.) *to be enthusiatic about*
behindert *handicapped*
das Beispiel (-e) (für + acc.) *example (of)*
bekannt *well-known*
der/die Bekannte (-n) (adj. n.) *acquaintance*
bekehren *to convert (someone)*
bekommen~ *to get, to receive*
belasten *to strain, burden*
belegen *to occupy (a room)*
sich bemühen *to make an effort, try*

benutzen *to use*
das Benzin *petrol, gasoline*
bequem *comfortable; convenient(ly)*
bereits *already*
der Berg (-e) *mountain*
berichten *to report*
der Beruf (-e) *job, profession*
Was sind Sie von Beruf? *What job do you do?*
berufstätig *(gainfully) employed*
beschäftigen *to employ*
sich beschäftigen mit (+ dat.) *to concern oneself with*
Bescheid wissen (über + acc.) *to know (about)*
die Besichtigung (-en) *sightseeing*
die Besorgnis (-se) *concern*
bestätigen *to confirm*
bestehen~ *to exist, to be; to pass (an exam)*
bestellen *to order*
besuchen *to visit*
betreiben~ *to pursue; do; to run (a business, company)*
der Betrieb (-e) *business, factory*
die Bevölkerung (-en) *population*
bevölkerungsreich *densely populated*
sich bewerben~ (um + acc.) *to apply (for)*
der Bewerber (-)/die -in *applicant*
bewusst *conscious*
die Bezahlung *pay*
beziehungsweise *alternatively, or*
bezüglich (+ gen.) *concerning, with regard to*
die Bibliothek (-en) *library*
der Bienenhonig *(bee) honey*
bieten~ *to offer*
das Bild (-er) *picture, image*
bilden *to form, to constitute*
die Bildung *education*
binden *to bind*
die Biologie *biology*
die Biomasse (-n) *biomass*
das Blatt (-̈er) *leaf; sheet, newspaper*

blau *blue*
der Blick (-e) *view, glance*
die Branche (-n) *sector, industry*
die Boulevardzeitung (-en)
   tabloid
brechen~ *to break*
der Brite (wk.n.)/die -in *Briton*
die Brücke (-n) *bridge*
das Buch (-̈er) *book*
die Buche (-n) *beech (tree)*
bummeln *to stroll*
das Bundesland (-̈er) *federal
   state*
der Bundespräsident (wk.n.)
   Federal President
der Bundestag *Federal
   Parliament*
der Bürger (-)/die -in *citizen*
das Büro (-s) *office*
die Bushaltestelle (-n) *bus stop*

der Chef (-s)/die -in *boss, head*
die Chemie *chemistry*
das Cholesterin *cholesterol*
der Cholesterinspiegel (-)
   cholesterol level
der Computer (-) *computer*

dabei sein~ *to be there; to be in
   the process of*
das Dach (-̈er) *roof*
dagegen *against that; on the other
   hand*
danach *after that, then*
danken *to thank*
dann *then*
auf Dauer *in the long term*
der Deckel (-) *lid;* (coll.) *driving
   licence*
denken~ *to think*
deswegen *therefore, for this
   reason*
deutlich *clear(ly), significant(ly)*
dicht *densely; closely*
der Dienst (-e) *service*
der Dienstleistungssektor (-en)
   service sector
das Ding (-e) *thing*
der Direktor (wk. n.)/die -in

director, head teacher
diskutieren *to discuss*
der Dokumentarfilm (-e)
   documentary (film)
der Dom (-e) *cathedral*
doppelt so ... wie *twice as ... as*
das Dorf (-̈er) *village*
da ist 'was dran *there's some
   truth in that*
durch I führen *to conduct; carry
   out*
durchgehend *all day, all the time*
der Durchschnitt (-e) *average*
dürfen *to be allowed to*
die Dusche (-n) *shower*
sich unter die Dusche stellen *to
   take a shower*

die Ecke (-n) *corner*
um die Ecke *around the corner*
egal *all the same*
ehrlich gesagt *quite honestly*
die Eiche (-n) *oak tree*
eigen *own* (adj.)
die Eigenschaft (-en)
   characteristic
eigentlich *actual(ly)*
ein I atmen *to breathe in*
eindeutig *clear(ly),
   unambiguous(ly)*
ein I führen *to introduce*
einfach *simple, simply*
eingebunden *tied, constrained,
   bound*
die Einheit (-en) *unity*
das Einkommen (-) *income*
ein I laden~ *to invite*
die Einladung (-en) *invitation*
ein I richten *to arrange, to
   furnish*
die Einschätzung (-en)
   estimation
einschließlich (+ gen.) *inclusive
   of, including*
ein I sehen~ *to recognize,
   acknowledge*
ein I sparen *to save*
ein I treten~ (in + acc.) *to join*
die Einwirkung (-en) (auf + acc.)

effect (on)

der Einwohner (-)/die -in *inhabitant*

einzigartig *unique*

empfehlen~ *to recommend*

die Energie (-n) *energy*

die Energiequelle (-n) *source of energy*

die Energiesparlampe (-n) *energy-saving bulb*

die Englischkenntnisse (plur.) *knowledge of English*

entdecken *to discover*

enthalten~ *to contain, to include*

entlassen~ *to dismiss*

entscheiden *to decide*

sich entschuldigen *to apologize*

entsorgen *to dispose of (waste)*

sich entspannen *to relax*

entsprechend *corresponding, respective*

die Entwicklung (-en) *development, trend*

meines Erachtens *in my opinion*

erbringen~ *to provide*

das Ereignis (-se) *event*

die Erfahrung (-en) *experience*

erforderlich *necessary*

die Erforschung (-en) *research*

ergänzen *to complete*

das Ergebnis (-se) *result*

sich erinnern an (+ acc.) *to remember*

erklären *to explain*

erledigen *to deal with, attend to*

sich ernähren von (+ dat.) *to feed oneself on, live on*

die Ernährung *nutrition*

ernennen *to appoint*

erneuerbar *renewable*

erreichen *to reach*

erscheinen~ *to appear*

erst *first; only, not until*

ersticken *to suffocate*

sich erstrecken auf (+ acc.) *to stretch to, extend to*

der/die Erwachsene (-n) (adj. n.) *adult*

erzeugen *to generate, to produce*

essen~ *to eat*

das Exemplar (-e) *copy*

der EZ-Zuschlag (-¨e) *single room suplement*

fahren~ *to go (in a vehicle), drive*

die Fahrerei *travelling backwards and forwards*

die Fahrerlaubnis (-se) *licence to drive*

die Fahrschule (-n) *driving school*

der Fall (-¨e) *case; fall*

auf keinen Fall *under no circumstances; lit. in no case*

die Farbe (-n) *colour, paint*

feiern *to celebrate*

Feierabend machen *to finish work*

fern I sehen~ *to watch TV*

fertig *finished, ready*

das Fest (-e) *party, celebration*

die Festspiele (neut. plur.) *festival*

fest I stellen *to ascertain*

finden~ *to find, to consider*

flächenmäßig *in area*

der Flegel (-) *lout*

fleißig *hard-working, industrious*

fließend *fluent(ly)*

der Flughafen (¨) *airport*

das Flugzeug (-e) *plane*

folgen (+ dat.) *to follow*

der Folgeschaden (¨) *harmful effect*

die Forderung (-en) *demand*

der/die Fortgeschrittene (-n) (adj. n.) *advanced learner*

der Fotograf (wk. n.)/die -in *photographer*

der Franzose (wk. n.)/die Französin *Frenchman/Frenchwoman*

die Fremdsprache (-n) *foreign language*

sich freuen (über + acc.) *to be glad (about)*

sich freuen auf (+ acc.) *to look forward to*

froh *glad*

führen *to lead, to conduct; to run (a business etc.)*
der Führerschein (-e) *driving licence*
die Führung (-en) *guided tour*
der Fuß (-̈e) *foot*
zu Fuß *on foot*

gar nicht *not at all*
der Gast (-̈e) *guest*
die Gaststätte (-n) *restaurant, inn*
das Gebäude (-) *building*
geben~ *to give*
geboren *born*
Wann bist du geboren? *When were you born?*
Gebrauch machen von (+ dat.) *to make use of*
der Geburtstag (-e) *birthday*
gefährlich *dangerous*
gefallen~ (+ dat.) *to be pleasing*
Es gefällt mir. *I like it.*
das Gefühl (-e) *feeling*
gehören *to belong*
die Geisteswissenschaften *Humanities*
geistig *mental(ly)*
der Geldmangel *lack of money*
die Gelegenheit (-en) *opportunity*
gelegentlich *occasionally*
das Gelenk (-e) *joint*
gelingen *to succeed*
Es ist uns nicht gelungen, … *We didn't succeed in … We didn't manage to …*
gelten~ als *to be regarded as*
gemächlich *leisurely*
genau *exact(ly), precise(ly)*
genau(er) hinschauen *to take a clos(er) look*
geöffnet *open*
das Gepäck *luggage*
gepflegt *well-kept*
geradeaus *straight on*
geregelt *regulated*
geschädigt *damaged*
die Geschäftsreise (-n) *business trip*

geschehen~ *to happen*
das Geschenk (-e) *present*
die Geschichte (-n) *history; story*
geschieden *divorced*
das Geschirr *crockery, dishes*
der Geschmack (-̈er) *taste*
gesellig *sociable*
die Gesellschaft (-en) *society*
das Gesetz (-e) *law*
gestalten *to arrange, form, shape*
gestresst *stressed*
gesundheitlich *from the health point of view*
gewöhnen *to familiarize*
an etwas gewöhnt sein *to be used to something*
gewöhnlich *usually*
der Glascontainer (-) *glass container*
glauben (+ dat.) *to believe*
die Globalisierung *globalization*
das Glück *(good) fortune*
Glück haben *to be lucky*
glücklicherweise *fortunately*
gratulieren (+ dat.) *to congratulate*
die Grenze (-n) *border, frontier*
großartig *magnificent(ly) splendid(ly)*
der Grund (-̈e) *reason*
gründen *to found*
das Grundgesetz *Basic Law* (constitution of the Federal Republic)
gründlich *thorough*
die Gründlichkeit *thoroughness*
der Grundpfeiler (-) *cornerstone*
der Grüne Punkt *lit. the Green Dot* (sign on products to indicate that a wrapping should be recycled)
der Gymnasiallehrer (-)/die -in *grammar school teacher*
das Gymnasium (Gymnasien) *(German) grammar school*

halten~ von (+ dat.) *to think of*
die Haltestelle (-n) *(bus, train, tram) stop*

die Hand (-¨e) *hand*
der Handel *trade*
handeln *to trade*
die Hauptschule (-n) *secondary school*
der Hauptschulabschluss (-¨e) *secondary-school leaving exam after 9 years of schooling*
heiter *funny; cheerful; bright*
Das kann ja heiter werden! *That will be fun! (ironic)*
die Heizplatte (-n) *hotplate*
die Heizung (-en) *heating*
helfen˜ (+ dat.) *to help*
der Herr (-en) (wk. n) *gentleman*
her | stellen *to produce, manufacture*
das Herz (-en) (wk. n.) *heart*
die Hilfe (-n) *help, assistance, aid*
der Hin- und Rückflug (-¨e) *return flight*
hin | schauen *to look (at)*
hinterher *afterwards*
hin | weisen auf (+ acc.) *to point out*
die Hochschule (-n) *institution of Higher Education*
höchstens *at the most*
die Hochzeit (-en) *wedding*
die Hoffnung (-en) *hope*
der Honig *honey*
hören *to hear, to listen to*

immer *always*
immerhin *all the same, nevertheless*
der Industriekaufmann/die -frau *person with three years' business training*
die Industrienation (-en) *industralised nation*
das Ingenieurwesen *engineering*
insgesamt *in total, in all*
sich interessieren (für + acc.) *to be interested in*
Italienisch *Italian (language)*

das Jahr (-e) *year*

vor zwei Jahren *two years ago*
zweimal im Jahr *twice a year*
das Jahrhundert (-e) *century*
je *in each case*
jeder/-e/-es *each, every*
jedenfalls *in any case*
jeweils *in each instance*
der Journalist (-en) (wk. n.)/die -in *journalist*
der/die Jugendliche (-n) (wk. n.) *young person*
der Junge (-n) (wk. n.) *boy*
(die) Jura *Law*

der Kaffee (-s) *coffee*
die Kammer (-n) *chamber*
der Kandidat (-en) (wk. n.)/die -in *candidate*
der Kater (coll.) *hangover; tomcat*
kaufen *to buy*
der Kegelclub (-s) *bowling club*
die Kehrseite (-n) *the other side*
der Kellner (-)/die -in *waiter/waitress*
die Kernenergie *nuclear energy*
die Kiste (-n) *old banger (car)*
klappen *to turn out all right*
klar *clear*
das Klischee (-s) *cliché*
der Kloß (-¨e) *dumpling*
kochen *to cook, to make (coffee)*
die Kochnische (-n) *small cooking area; lit. cooking niche*
der Kollege (-n) (wk. n.)/die -in *colleague*
das Kolpingwerk *Kolping organisation* (named after a Catholic priest)
komisch *funny, strange*
Das hört sich komisch an. *That sounds strange.*
die Konkurrenz *competition*
konkurrenzfähig *competitive, viable*
können *to be able to*
das Körnchen (Wahrheit) *grain (of truth)*
körperlich *physically, bodily*

kosten *to cost*
die Kosten (plur.) *cost(s)*
kostspielig *expensive*
die Kraft (-ë) *force, power*
die Krankheit (-en) *disease, illness*
der Krebs *cancer*
der Kreislauf (-ë) *circulatory system*
die Kreuzung (-en) *crossroads*
der Kühlschrank (-ë) *refrigerator*
kulturinteressiert *interested in the arts*
sich kümmern um (+ acc.) *to take care of, look after, concern oneself with*
der Kunde (-n) (wk. n.)/die Kundin *customer, client*
die Kunst (-ë) *art*
die Kur (-en) *cure (at a spa)*
kursiv *in italics*

das Labor (-s/-e) *lab*
der Lack (-e) *varnish*
der Laden (-ˉ) *shop*
das Land (-ˉer) *country; federal state*
die Landschaft (-en) *scenery*
der Landwirt (-e) *farmer*
lang *long*
langfristig *long-term, in the long run*
langjährig *of many years*
langsam *slow(ly)*
längst *long since*
langweilig *boring*
Wird Ihnen nicht manchmal langweilig? *Don't you get bored sometimes?*
laufen~ *to run, walk*
auf dem Laufenden sein *to be up to date*
die Laufbahn (-en) *career*
laut *loud, noisy*
lebendig *lively*
die Lebensart (-en) *way of life*
der Lebenslauf (-ë) *CV*
die Leberzirrhose (-n) *cirrhosis of the liver*

legen *to lay, put*
leiden *to suffer*
Leid tun *to be sorry*
Es tut mir Leid *I am sorry*
die Leistung (-en) *performance, achievement; what is included (in a package holiday)*
die Leistungsanforderung (-en) *demands on performance*
der Leistungsdruck *pressure to perform, to work harder*
lieben *to love*
lieber *preferable*
Ich gehe lieber ins Kino. *I prefer to go to the cinema.*
liegen (in + dat.) *to lie (in); to be situated (in)*
liegen bleiben~ *to be left over, undone*
links *on the left*
Gehen Sie nach links. *Go left.*
der/das Liter (-) *litre*
sich lohnen *to be worthwhile*
lösen *solve; to obtain (a ticket)*
los l gehen~ *to start, set off*
die Luft (-ë) *air*
Lust haben *to feel like, to want to*

die Macht (-ë) *power*
das Mädchen (-) *girl*
die Mahlzeit (-en) *meal*
die Malerei *painting*
manche *some*
manchmal *sometimes*
marktdominierend *dominating the market*
die Marmelade (-n) *jam*
die Maßnahme (-n) *measure*
die Mathematik *mathematics*
die Medaille (-n) *medal*
die Kehrseite der Medaille *on the other side of the coin*
die Medien (plur.) *media*
die Mehrheit (-en) *majority*
die Mehrwegflasche (-n) *reusable bottle*
meinen (zu + dat.) *to think about, to have an opinion on*
die Meinung (-en) *opinion*

meistens *mostly*
die Menge (-n) *quantity*
die Mensa (-en) *refectory,*
university dining hall
der Mensch (-en) (wk. n.)
human being, person
Mensch! *wow!*
merkwürdig *strange, peculiar*
der/das Meter (-) *metre*
der Metzger (-)/die -in *butcher*
die Metzgerei (-en) *butcher's*
(shop)
die Minderheit (-en) *minority*
miteinander *with one another*
das Mitglied (-er) *member*
mit | machen *to take part, to*
participate
der Mittag *midday*
zu Mittag essen *to have lunch*
mittags *midday, lunchtime*
die Mitte (-n) *middle, centre*
der Mittelpunkt (-e) *centre*
(die) Mitternacht *midnight*
die mittlere Reife *secondary-*
school leaving certificate taken
after 10 years of schooling
der Modellbau *model building*
mögen *to like*
die Möglichkeit (-en) *possibility*
die Moralpredigt (-en)
(moralizing) lecture
motiviert *motivated*
der Müll *rubbish, garbage*
der Mülleimer (-) *rubbish bin*
die Mülltrennung *separation of*
waste
der Mund (-¨er) *mouth*
die Musik *music*
müssen *to have to, must*
die Muttersprache (-n) *mother*
tongue

der Nachbar (-n) (wk. n.)/ die -in
neighbour
die Nachfrage (-n) *demand*
die Nachrichtensendung (-en)
news broadcast
das Nachschlagewerk (-e)
reference work
nach | sehen~ *to have a look*

der Nachteil (-e) *disadvantage*
der Nachweis (-e) *proof,*
evidence
einen Nachweis erbingen *to*
produce evidence
die Nadel (-n) *needle*
die Nähe *proximity*
in der Nähe (von + dat.) *near*
nämlich lit. *namely; you see*
der Name (wk. n.) *name*
die Nase (-n) *nose*
die Nase voll haben (coll.) *to*
have had enough
natürlich *natural(ly), of course*
die Naturwissenschaft (-en)
natural science
nehmen~ *to take*
nervenaufreibend *nerve-racking*
neulich *recently*
der Nichtraucher (-) *non-smoker*
nie *never*
niedrig *low*
normalerweise *normally*
die Note (-n) *mark, grade*
nötig *necessary*
notwendig *necessary*
nur *only*
nutzen *to use*

die Öffentlichkeit *public*
oft *often*
öfters *fairly often*
ordentlich *tidy*
die Ordnung *order, orderliness,*
tidiness
ordnungsliebend *liking to see*
things neat and tidy
der Ort (-e) *place*
die Ostseeküste *Baltic Coast*

die Partnerstadt (-¨e) *twin town*
passen *to match*
passieren *to happen*
pendeln *to commute*
die Pension (-en) *guesthouse,*
pension
die Personalabteilung (-en)
personnel department
der Personalberater (-)/die -in
personnel consultant

die Personalfortbildung (-en)
staff development

das Pflanzenöl (-e) *vegetable oil*

die Podiumsdiskussion (-en)
panel discussion

der Politiker (-)/die -in *politician*

der Polizist (-en) (wk. n.)/die -in
police officer

das Praktikum (die Praktika)
work placement

der Präsident (-en) (wk. n.)/die -in
president

das Problem (-e) *problem*

die Prüfung (-en) *examination*

der Punkt (-e) *point, full stop, dot*

der Quatsch (coll.) *nonsense*

der Rand (-¨er) *edge*

raten~ (+ dat.) *to advise*

die Ratesendung (-en) *panel
game, quiz show*

die Realschule (-en) *school
geared to the* mittlere Reife
*exam (roughly equivalent to
16+ school-leaving exam)*

das Recht (-e) (auf + acc.) *right
to*

das Recht *law*

Recht haben *to be right*

rechts *on the right*
nach rechts *to the right*

das Recycling *recycling*

recyceln *to recycle*

die Redaktion (-en) *editorial
staff*

reden (über + acc.) *to talk
(about)*

der Referent (-en) (wk. n.)/die -in
expert, adviser

die Regel (-n) *rule*

regelmäßig *regular(ly)*

regeln *to regulate, to settle*

regional *regional(ly)*

reichen *to suffice*
Das hat mir gereicht. *That
was enough for me.*

die Reihe (-n) *series*

rein *pure, clean*

reinigen *to clean*

die Reisebegleitung (-en)
*accompanied tour, lit. tour
accompaniment*

der Reiseleiter (-) *courier*

reiselustig *keen on travelling*

der Reiseverlauf (-¨e) *tour plan;
lit.: tour course*

das Reiseziel (-e) *destination*

der Renner (-) *hit*

renovieren *to renovate*

der Rentner (-)/die -in *pensioner*

der Richter (-)/die -in *judge*

richtig *right, correct*

die Richtung (-en) *direction*

der Rohstoff (-e) *raw material*

die Rolle (-n) *role*

die Ruhe *peace, quiet*

rund *around*

die Sache (-n) *thing, matter*

der Saft (-¨e) *juice*

die Sammelstelle (-n) *collecting
point*

sauber *clean*

sauber machen *to clean*

das Sauerkraut *sauerkraut,
pickled cabbage*

schädigen *to harm, damage*

schaffen (coll.) *to manage*

schaffen *to create*

der Schalter (-) *ticket window*

schätzen *to appreciate, estimate*

schauen (auf + acc.) *to look (at)*

die Scheibe (-n) *slice*

schlafen~ *to sleep*

schlecht *bad*

schließen~ *to shut, close*

schließlich *after all, finally*

der Schluss (-¨e) *end*
zum Schluss *finally*

der Schnitt (-e) *average*

schon *already*

schrecklich *terrible*

der Schreibtisch (-e) *desk*

der Schreiner (-)/die -in
carpenter

die Schreinerlehre (-n) *carpentry
apprenticeship*

der Schutz *protection*

der Schweinebraten (-) *roast pork*

die Schwiegereltern (plur.) *parents-in-law*
schwierig *difficult*
die Schwierigkeit (-en) *difficulty*
der Schwimmunterricht *swimming lessons*
das Schwindelgefühl (-e) *feeling of dizziness*
der See (-n) *lake*
die See (-n) *sea*
die Seehöhe *sea level*
die Sehenswürdigkeit (-en) *sight (worth seeing)*
die Seite (-n) *side; page*
selbstständig *self-employed; independent*
selten *rare(ly)*
das Semester (-) *semester*
das Seminar (-e) *seminar*
senden *to broadcast*
der Sender (-) *(radio/TV) station*
setzen *to put, place*
sicher *safe, secure; sure(ly), certain(ly)*
sicherlich *certainly, undoubtedly*
der Sinn (-e) *sense*
Ski fahren~ *to go skiing*
sofort *immediately*
sogar *even*
die Solarenergie (-n) *solar energy*
die Solarzelle (-n) *solar cell*
der Soldat (-en) (wk. n.)/ die -in *soldier*
sollen *ought, should*
der Sondermüll *hazardous waste*
sonnabends *on Saturdays*
die Sonne (-n) *sun*
die Sonnenenergie (-n) *solar energy*
sonst *otherwise*
die Sorge (-n) *worry*
Machst du dir keine Sorgen? *Don't you worry?*
sowieso *anyway, in any case*
der Sozialarbeiter (-)/die -in *social worker*
der Sozialpädagoge (-n) (wk. n.)/die -pädagogin *person with a degree in Social Education*

der Spaß (-¨e) *fun*
Es macht mir Spaß *I enjoy it*
speziell *special(ly)*
spielen *to play*
der Spitzenreiter (-) *leader, front runner*
Sport treiben *to do sports*
sprechen *to speak*
der Sprit (coll.) *petrol*
das Staatsexamen (-) *state exam; similar to a degree*
ständig *constant(ly)*
die Stange (-n) *stick*
eine schöne Stange Geld *a small fortune*
stark *strong(ly)*
der Starnberger See *large lake near Munich*
statt | finden~ *to take place*
staunen (über + acc.) *to be amazed (at)*
stehen~ *to stand*
steigen~ *to rise*
sich steigern *to increase*
stellen *to put, place*
die Stellung (-en) *position, job*
stellvertretend *deputy*
sterben~ *to die*
stimmen *to be correct*
der Stoff (-e) *substance*
die Störung (-en) *disturbance*
die Straßenbahn (-en) *tram*
streng *strict(ly)*
stressfrei *free of stress*
stricken *to knit*
der Strom *electricity*
der Student (-en) (wk. n.)/die -in *student*
der Studienabschluss (-¨e) *roughly equivalent to a degree; lit. end of studies*
der Studienplatz (-¨e) *university place*
die Studienzeit (-en) *period of study*
die Stunde (-n) *hour, lesson*
suchen *to search, to look for*
die Süßigkeiten (plur.) *sweet things, confectionery*
der Supermarkt (-¨e) *supermarket*

die Tabellenkalkulation (-en) *spreadsheets*

der Tagesablauf (-¨e) *daily routine*

die Tageszeitung (-en) *daily paper*

der Tanzclub (-s) *dance club*

tanzen *to dance*

der Tanzkurs (-e) *dancing classes*

sich täuschen (-e) *to be wrong, to be mistaken*

der Teelöffel (-) *teaspoon*

der Teil (-e) *part*

teilen *to share*

teuer *dear, expensive*

die Textverarbeitung *word processing*

das Theaterstück (-e) *play, drama*

das Thema (Themen) *subject, topic*

(das) Thüringen *Thuringia* – one of the sixteen German 'Länder'

toll (coll.) *fantastic, great*

der Tourist (-en) (wk. n.)/die -in *tourist*

der Traum (-¨e) *dream*

treffen~ *to meet*

trennen *to separate*

der Trost *consolation, comfort*

tun~ *to do*

das Turnier (-e) *tournament*

typisch *typical(ly)*

die U-Bahn (-en) (= Untergrundbahn) *tube, subway*

über I einstimmen (mit + dat.) *to agree (with)*

überfüllt *overcrowded*

überhaupt nicht *not at all*

übermorgen *the day after tomorrow*

die Übernachtung (-en) *overnight stay*

übernehmen~ *to take on*

überprüfen *to check (over)*

überregional *national, nationwide*

übersetzen *to translate*

übertreiben~ *to exaggerate*

übrigens *by the way*

umfassend *comprehensive*

die Umfrage (-n) *survey, opinion poll*

die Umgebung (-en) *surrounding area*

um I gehen~ mit (+ dat.) *to deal with*

umsonst *free of charge*

umweltbewusst *conscious of the environment*

der Umweltflegel (-) *lout (in environmental matters)*

das Umweltministerium *Ministry of the Environment*

der Umweltschutz *environmental protection*

unbedingt *definitely, at all costs*

unbemerkt *unnoticed*

ungeheuer *huge(ly), immense(ly)*

unheimlich viel *a huge amount*

das Unrecht (-e) *injustice*

sich unterhalten~ (über + acc.) *to talk (about)*

die Unterhaltung *entertainment*

die Unterhaltungsserie (-n) *serial*

der Untermieter (-) *lodger*

unternehmen~ *to do, undertake*

der Unterricht *instruction, lessons*

unterrichten *to teach, instruct*

unterschiedlich *different(ly), varying*

der Untertitel (-) *subtitle*

unterwegs sein *to be away, to be on a trip*

unvergleichlich *incomparably*

der Urenkel (-)/die -in *great-grandchild*

der Urlaub (-e) *holiday, vacation*

der Urlauber (-) *holidaymaker*

die Veranstaltung (-en) *event*

die Verantwortung *responsibility*

verbessern *to improve*

verbieten~ *to prohibit, to ban*

verbinden *to join, combine*

das Verbot (-e) *ban*

verbringen~ *to spend (time)*

verdienen *to earn*

die Verfassung (-en) *constitution*
verfassungsgemäß *constitutional*
zur Verfügung stehen *to be available, at one's disposal*
vergangen *past*
die Vergangenheit (-en) *past*
vergessen~ *to forget*
der Vergleich (-e) *comparison*
im Vergleich (zu/mit + dat.) *compared (to/with)*
vergleichen *to compare*
die Verhandlung (-en) *negotiation*
verhängen *to impose (a ban)*
verheiratet *married*
der Verkehr *traffic*
das Verkehrsamt (-̈er) *tourist information office*
verkennen~ *to fail to appreciate, recognize*
der Verlag (-e) *publishing company*
verlangen *to demand*
Das ist zu viel verlangt. *That is asking too much.*
verlassen~ *to leave*
verlieren~ *to lose*
vermeiden *to avoid*
vermitteln *to give, provide; to arrange, mediate*
die Verpackung (-en) *wrapping, packaging*
verpesten *to pollute*
verpflichten *to oblige, commit*
verplanen *to book out completely, to plan every minute*
verregnet *rainy, wet, spoilt by rain*
verrückt *mad, insane*
verschieden *various, different*
die Versicherungsfirma (-firmen) *insurance company*
das Verständnis *understanding*
verstärken *to reinforce, to increase*
der Versuch (-e) *experiment, attempt*
versuchen *to try*
vertauschen *to exchange; to mix up*

vertraut sein (mit + dat.) *to be familiar (with)*
der/die Verwandte (-n) (adj. n.) *relative*
verwenden *to use*
verzichten auf (+ acc.) *to do without*
vierzehntägig *fortnightly*
das Volk (-̈er) *people, nation*
voll *full*
vollkommen *complete(ly)*
vor allem *above all*
vor | behalten~ *to reserve (the right)*
vor | bereiten *to prepare*
die Vorbereitung (-en) *preparation*
vorher *in advance, beforehand*
vor | kommen~ *to occur*
die Vorlesung (-en) *lecture*
der Vorlesungssaal (-säle) *lecture theatre*
die Vorliebe (-n) *preference*
vor | nehmen~ *to carry out; to mean*
der Vorsatz (-̈e) *intention, resolution*
vor | schlagen~ *to suggest, propose*
die Vorschrift (-en) *regulation*
vor | stellen *to introduce*
sich (etwas) vor | stellen *to imagine (something)*
die Vorstellung (-en) *idea, concept*
der Vorteil (-e) *advantage*
das Vorurteil (-e) *prejudice*
vor | ziehen~ *to prefer*

wachsen~ *to grow*
die Wahrheit (-en) *truth*
wahrscheinlich *probably*
der Wald (-̈er) *forests*
das Waldsterben *death of forests*
wandern *to ramble, hike*
warnen (vor + dat.) *to warn (against)*
was für …? *what kind of …?*
die Wäsche *laundry, washing*
waschen~ *to wash*

der Waschsalon (-s) *launderette*
im Wechsel *alternating*
weder ... noch *neither ... nor*
weg I kommen~ (von + dat.) *to get away from*
(das) Weihnachten *Christmas*
weiter *further*
weitaus *by far, much*
weitgehend *largely, to a large extent*
die Welt (-en) *world*
weltbekannt *famous throughout the world*
der Weltmeister (-) *world champion*
werden~ *to become*
die Werkstatt (-¨en) *workshop*
die Werkzeugmaschine (-n) *machine tool*
der Wert (-e) *value*
wert *worth*
wichtig *important*
widersprechen~ *to contradict*
wiedervereinigt *re-united*
wieder I verwerten *to recycle*
wie viel? *how much, how many*
willkommen *welcome*
wirtschaftlich *economic/ally*
das Wirtschaftsklima *economic climate*
das Wirtschaftswunder (-) *economic- miracle*
wissen~ *to know (a fact)*
der Wissenschaftler (-)/die -in *scientist, scholar, academic*
die Witwe (-n) *widow*
der Witz (-e) *joke*
die Woche (-n) *week*
wohin? *where ... to?*
sich wohl I fühlen *to feel at home*

wollen *to want to, intend to*
womöglich *where possible*
das Wörterbuch (-¨er) *dictionary*
wunderschön *really beautiful*

die Zahl (-en) *number*
der Zähler (-) *meter*
zeigen *to show*
zeitaufwendig *time-consuming*
eine Zeit lang *for a while*
der Zeitmangel *lack of time*
zeitraubend *time-consuming*
die Zeitschrift (-en) *journal, magazine*
ziehen~ *to move, pull*
ziemlich *fairly*
zirka *about, approximately*
der Zivildienst *community service* (instead of military service)
zuerst *at first*
zufrieden *satisfied*
der Zug (-¨e) *train*
im Zuge von (+ dat.) *in the wake of*
zu I hören (+ dat.) *to listen to*
die Zukunft *future*
zu I machen *to close*
die Zumutung (-en) *imposition*
zunächst *first, initially*
der Zustand (-¨e) *state*
die Zusteigemöglichkeit (-en) *pick-up point; lit. getting-on possibilities*
zwar *admittedly*
die Zweigstelle (-n) *branch, subsidiary*
in der Zwischenzeit *in the meantime*

English–German glossary

This glossary is not intended to be comprehensive. It does not contain many of the more basic words generally learned at the beginner's level.

~ indicates that this verb or its root form can be found in the List of common irregular verbs on pages 206–8.
| indicates that a verb is separable (e.g. an | kommen).
With job titles, nationalities, etc., the female version is usually given in an abbreviated form, e.g. **der Akademiker (-)/die -in**. In the plural feminine nouns ending in **-in** add **-nen**, e.g. **die Akademikerin, die Akademikerinnen.**

Abkürzungen (abbreviations)
acc. – accusative adj. n. – adjectival noun coll. – colloquial dat. – dative
neut. – neuter gen. – genitive plur. – plural wk. n. – weak noun.

to abolish ab | schaffen
about zirka, ungefähr
achievement die Leistung (-en)
acquaintance der/die Bekannte (-n) (adj.n.)
actual(ly) eigentlich
admittedly zwar
adult der/die Erwachsene (-n) (adj.n.)
advantage der Vorteil (-e)
to advise raten~ (+ dat.)
afterwards nachher, hinterher
age das Alter
ago – two years ago vor – vor zwei Jahren
to agree (with) überein | stimmen (mit + dat.)
aid die Hilfe (-n)
air die Luft (-̈e)

airport der Flughafen (¨)
already schon, bereits
always immer
apart from abgesehen von (+ dat.)
to apologize sich entschuldigen
to appear erscheinen~; aus | sehen
applicant der Bewerber (-)/die -in
to apply for sich bewerben~ (um + acc.)
approximately zirka, ungefähr
architect der Architekt (-en) (wk. n.)/die -in
arm der Arm (-e)
arrival die Ankunft (-̈e)
to arrive an | kommen~
art die Kunst (-̈e)

to *ascertain*   fest | stellen
assistance   die Hilfe (-n)
to *assume*   an | nehmen~
attempt   der Versuch (-e)
autumn   der Herbst
average   der Durchschnitt (-e)
to *avoid*   vermeiden~

bad   schlimm, schlecht
ban   das Verbot (-e)
bank   die Bank (-en)
battery   die Batterie (-n)
to *be able to*   können
to *be amazed (at)*   staunen (über
  + acc.)
to *be interested in*   sich
  interessieren (für + acc.)
to *be right*   Recht haben
beach   der Strand (-"e)
to *become*   werden~
beginning   der Anfang (-"e)
to *believe*   glauben (+ dat.)
to *believe in*   glauben an (+ acc)
to *belong*   gehören (+ dat.)
birthday   der Geburtstag (-e)
black   schwarz
blue   blau
body   der Körper (-)
to *book*   reservieren, buchen
border   die Grenze (-n)
boring   langweilig
born – When were you born?
  geboren – Wann bist du
  geboren?
boss   der Chef (-s)/die -in
boy   der Junge (-n) (wk. n.)
boyfriend   der Freund (-e)
to *break*   brechen~
to *breathe*   atmen
bridge   die Brücke (-n)
to *bring*   bringen~
to *broadcast*   senden
building   das Gebäude (-)
to *burn*   brennen~
bus stop   die Bushaltestelle (-n)
business trip   die Geschäftsreise
  (-n)
butcher's (shop)   die Metzgerei
  (-en)

to *buy a ticket*   eine Fahrkarte
  lösen
by the way   übrigens

to *call*   rufen~; *(phone)* an | rufen~
can (to be able to)   können
cancer   der Krebs
capital   die Hauptstadt (-"e)
career   die Laufbahn (-en)
carpenter   der Schreiner (-)/die
  -in
carpet   der Teppich (-e)
to *carry*   tragen~
case; in any case   der Fall (-"e);
  jedenfalls
cathedral   der Dom (-e)
cause   die Ursache (-n)
to *cause*   verursachen
cautious   vorsichtig
to *celebrate*   feiern
centre   die Mitte (-n); der
  Mittelpunkt (-e)
century   das Jahrhundert (-e)
certain(ly)   sicher
characteristic   die Eigenschaft
  (-en)
Christmas   (das) Weihnachten
cinema – to go to the cinema
  das Kino (-s); ins Kino gehen
citizen   der Bürger (-)/die -in
to *clean*   reinigen, putzen, sauber
  machen
clean   sauber, rein
to *clear up*   auf | räumen
clear(ly)   klar, deutlich
client   der Kunde (-n) (wk.
  n.)/die Kundin
climate   das Klima (-s)
to *close*   schließen~, zu | machen
cloud   die Wolke (-n)
cold   kalt
colleague   der Kollege (-n) (wk.
  n.)/die -in
colour   die Farbe (-n)
to *combine*   verbinden~
comfortable   bequem
to *commute*   pendeln
company   die Gesellschaft (-en),
  die Firma (Firmen)

to compare vergleichen~
comparison der Vergleich (-e)
to compel zwingen~
competition die Konkurrenz
competitive konkurrenzfähig
to complete ergänzen
complete(ly) vollkommen
computer der Computer (-)
to conduct führen, leiten
to confirm bestätigen
to congratulate gratulieren
  (+ dat.)
conscious(ly) bewusst
constant(ly) ständig
constitution die Verfassung (-en)
contain enthalten~
to contradict widersprechen~
to cook kochen
copy das Exemplar (-e)
corner die Ecke (-n)
correct richtig
to cost kosten
cost(s) die Kosten (plur.)
country das Land (-¨er)
to create schaffen~
crockery das Geschirr
crossroads die Kreuzung (-en)
current der Strom (-¨e)
customer der Kunde (-n) (wk.
  n.)/die -in
to cut schneiden~
CV der Lebenslauf (-¨e)

to damage schädigen
damaged geschädigt
to dance tanzen
dangerous gefährlich
dear teuer; lieb
to decide entscheiden~
demand die Nachfrage (-n)
to demand verlangen
to depart ab | fahren~
department die Abteilung (-en)
department store das Kaufhaus
  (-¨er), das Warenhaus (-¨er)
departure die Abfahrt (-en)
to depend on ab | hängen von
  + dat.

dependent on abhängig von
  + dat.
desk der Schreibtisch (-e)
development die Entwicklung
  (-en)
dictionary das Wörterbuch (-¨er)
to die sterben~
different verschieden
different from anders als
difficult schwierig
difficulty die Schwierigkeit (-en)
direction die Richtung (-en)
director der Direktor (-en) (wk.
  n.)/die -in
disadvantage der Nachteil (-e)
to discover entdecken
to discuss diskutieren
disease die Krankheit (-en)
dishes das Geschirr
to dismiss (sack) entlassen
to disturb stören
disturbance die Störung (-en)
divorced geschieden
to do machen, tun~
dream der Traum (-¨e)
to dream träumen
to drive fahren~

each jeder/-e/-es
ear das Ohr (-en)
to earn verdienen
economic/ally wirtschaftlich
economy die Wirtschaft
edge der Rand (-¨er)
edition die Ausgabe (-n)
education die Bildung
egg das Ei (-er)
electricity der Strom
to employ beschäftigen
employed berufstätig
employee der/die Angestellte (-n)
  (adj. n.)
to encounter begegnen (+ dat.)
end der Schluss (-¨e); das Ende
  (-n)
energy die Energie (-n)
to enter eintreten~ (in + acc.)
entertainment die Unterhaltung
entrance der Eingang (-¨e); der

Eintritt (-e)
environment die Umwelt
environmental protection der Umweltschutz
to estimate schätzen
even sogar
every jeder/-e/-es
exact(ly) genau
to exaggerate übertreiben~
examination die Prüfung (-en); das Examen (-)
example (of) das Beispiel (-e) (für + acc.)
excellent ausgezeichnet, hervorragend
except (for) außer (+ dat.)
exception die Ausnahme (-n)
excursion der Ausflug (-̈e)
exhibition die Ausstellung (-en)
to exist existieren
exit der Ausgang (-̈e)
expensive teuer; kostspielig
experience die Erfahrung (-en)
experiment der Versuch (-e)
to explain erklären
to export aus I führen
eye das Auge (-n)

factory der Betrieb (-e), die Fabrik (-en)
fairly ziemlich
familiar vertraut
famous berühmt
fear die Angst (-̈e)
feeling das Gefühl (-e)
to fetch ab I holen
finally schließlich, zum Schluss
to finish beenden
to finish (one's studies) ab I schließen~
to finish work Feierabend machen
flight der Flug (-̈e)
fluent(ly) fließend
to fly fliegen~
fog der Nebel
to follow folgen (+ dat.)
foot; on foot der Fuß (-̈e); zu Fuß
to forbid verbieten~

foreign language die Fremdsprache (-n)
foreigner der Ausländer/die -in
forest der Wald (-̈er)
to forget vergessen~
fork die Gabel (-n)
to form bilden
fortunately glücklicherweise
to found gründen
full voll
full stop der Punkt (-e)
fun der Spaß (-̈e)
funny komisch
further weiter
future die Zukunft

game das Spiel (-e)
garbage der Müll
garbage can der Mülleimer (-)
garlic der Knoblauch
gasoline das Benzin
general(ly); in general allgemein; im Allgemeinen
gentleman der Herr (-en) (wk.n)
to get bekommen~
to get up auf I stehen~
gift das Geschenk (-e)
girl das Mädchen (-)
girlfriend die Freundin (-nen)
to give geben~
glad froh
glance der Blick (-e)
to go gehen~
to go (in a vehicle) fahren~
to go away weg I gehen~; weg I fahren~
to go out aus I gehen~
globalization die Globalisierung
goal das Ziel (-e); *(in sport)* das Tor (-e)
grade (at school or college) die Note (-n)
green grün
to grow wachsen~
guest der Gast (-̈e)
guesthouse die Pension (-en)

hand die Hand (-̈e)
handicapped behindert
to happen geschehen~, passieren

hard-working fleißig, arbeitsam
to have to müssen
head teacher der (Schul-) Direktor (-en) (wk. n.)/die -in
health die Gesundheit
to hear hören
heart das Herz (-en) (wk. n.)
heating die Heizung (-en)
help die Hilfe (-n)
to help helfen~ (+ dat.)
to hide verstecken; verbergen~
history die Geschichte (-n)
holiday der Urlaub (-e)
honest(ly) ehrlich
honey der Honig
to hope hoffen
hope die Hoffnung (-en)
host (-ess) der Gastgeber (-)/die -in
hot heiß
hour die Stunde (-n)
human being der Mensch (-en) (wk. n.)

illness die Krankheit (-en)
image das Bild (-er)
to imagine sich vor | stellen
immediately sofort
importance die Wichtigkeit, die Bedeutung
important wichtig, bedeutend
impressive beeindruckend
to improve verbessern
income das Einkommen (-)
independent selbstständig; unabhängig
rare(ly) selten
industrious fleißig
information die Auskunft (-̈e)
inhabitant der Einwohner (-)
inn die Gaststätte (-n)
instead of anstatt (+ gen.)
insurance die Versicherung (-en)
to introduce (a person) vor | stellen
to introduce (a subject/object) ein | führen
invitation die Einladung (-en)
to invite ein | laden~

jam die Marmelade (-n); *(traffic)* der Stau (-s)
job der Beruf (-e); der Arbeitsplatz (-̈e); die Stellung (-en)
joint das Gelenk (-e)
joke der Witz (-e)
journal die Zeitschrift (-en)
journalist der Journalist (-en) (wk. n.)/ die -in
to judge beurteilen
judge der Richter (-)/die -in
juice der Saft (-̈e)
to jump springen~

knife das Messer (-)
to know (a fact) wissen~
to know (be acquainted with) kennen~
knowledge die Kenntnis (-se)

laboratory das Labor (-s/-e)
lack der Mangel (-̈)
lady die Dame (-n)
lake der See (-n)
law das Gesetz (-e)
Law Jura; das Recht
to lay legen
to lead führen, leiten
leader der Führer (-), der Leiter (-)
leaf das Blatt (-̈er)
to leave lassen~; verlassen~
lecture die Vorlesung (-en)
left links
lesson die Stunde (-n)
library die Bibliothek (-en)
lid der Deckel (-)
to lie liegen
to like mögen, gern haben
limit die Grenze (-n)
to listen to zuhören (+ dat.)
litre der/das Liter (-)
lively lebendig
long lang
to look at something sich etwas an | schauen
to look for suchen
to look forward to sich freuen auf (+ acc.)

to lose verlieren~
loud laut
to love lieben
low niedrig
luck; to be lucky das Glück; Glück haben
luggage das Gepäck
to lunch zu Mittag essen
lunch das Mittagessen (-)

mad verrückt
magazine die Zeitschrift (-en)
to manufacture her I stellen
majority die Mehrheit (-en)
married verheiratet
to match passen
match das Spiel (-e); der/das Match (-e/-s)
material der Stoff (-e)
matter die Sache (-n)
meal die Mahlzeit (-en)
to mean bedeuten
measure; take measures die Maßnahme (-n); Maßnahmen treffen~
to meet treffen~, begegnen (+ dat.)
member das Mitglied (-er)
mental(ly) geistig
metre der/das Meter (-)
midday der Mittag
middle die Mitte (-n)
midnight die Mitternacht
minority die Minderheit (-en)
month der Monat (-e)
moon der Mond (-e)
mostly meistens
mother tongue die Muttersprache (-n)
motorway die Autobahn (-en)
mountain der Berg (-e)
mouth der Mund (-¨er)
to move (house) um I ziehen~
movie – go to the movies der Film (-e) – ins Kino gehen
music die Musik
must (to have to) müssen

name der Name (-n) (wk. n.)

nation das Volk(-¨er); die Nation (-en)
near in der Nähe (von + dat.)
necessary nötig, notwendig, erforderlich
needle die Nadel (-n)
negotiation die Verhandlung (-en)
neighbour der Nachbar (-n) (wk. n.)/die -in
neither ... nor... weder... noch ...
never nie
nevertheless immerhin, dennoch, trotzdem
news die Nachrichten
news broadcast die Nachrichtensendung (-en)
noisy laut
nonsense der Quatsch
normally normalerweise
nose die Nase (-n)
now and again ab und zu
nuclear power die Kernkraft, die Atomkraft
number die Zahl (-en), die Anzahl (-en)
nutrition die Ernährung

occasionally gelegentlich
to occur vor I kommen~
of course natürlich
to offer bieten~, an I bieten~
often oft
only nur
to open öffnen, auf I machen
open offen; geöffnet
opinion die Meinung (-en)
opportunity die Gelegenheit (-en)
to order bestellen
other ander -er/-e/-es
otherwise sonst, ansonsten
ought to sollen
to own besitzen~
own eigen -er/-e/-es

page die Seite (-n)
paint die Farbe (-n)

to paint malen
painting die Malerei
parking place der Parkplatz (-¨e)
part der Teil (-e)
part (role) die Rolle (-n)
to pass (an exam) (eine Prüfung) bestehen
past die Vergangenheit
payment die Bezahlung (-en)
peculiar merkwürdig; eigenartig
pension die Rente (-n)
pensioner der Rentner (-)/die -in
people die Leute; das Volk (-¨er)
performance die Leistung (-en)
petrol das Benzin
to phone an | rufen; telefonieren (mit + dat.)
photographer der Fotograf (-en) (wk. n.)/die -in
physically körperlich
picture das Bild (-er)
place der Ort (-e)
to place setzen, stellen
plane das Flugzeug (-e)
to play spielen
to please, be pleasing gefallen~ (+ dat.)
police officer der Polizist (-en) (wk. n.)/die -in
population die Bevölkerung (-en)
position die Stellung (-en)
possibility die Möglichkeit (-en)
power die Kraft (-¨e); die Macht (-¨e)
precise(ly) genau
to prefer vor | ziehen~
prejudice das Vorurteil (-e)
preparation die Vorbereitung (-en)
to prepare vor | bereiten
present das Geschenk (-e)
present (time) die Gegenwart
probably wahrscheinlich
to produce her | stellen, produzieren, erzeugen
profession der Beruf (-e)
to prohibit verbieten~
proof der Nachweis (-e)
protection der Schutz

public öffentlich
public die Öffentlichkeit; das Publikum
to pull ziehen~
pure rein
to put legen, stellen, setzen

quantity die Menge (-n)
queen die Königin (-nen)
quiet(ly) ruhig; still

rail – by rail die Bahn – mit der Bahn
railway die Bahn (-en), die Eisenbahn (-en)
rain der Regen
to ramble wandern
to reach erreichen
ready fertig
reason der Grund (-¨e)
to receive erhalten~
recently neulich
to recommend empfehlen~
red rot
refrigerator der Kühlschrank (-¨e)
regular(ly) regelmäßig
to regulate regeln
relative der/die Verwandte (-n) (adj. n.)
to relax sich entspannen
to remember sich erinnern an (+ acc.)
to report berichten
report der Bericht (-e)
research die Forschung (-en)
to rest sich ausruhen
result das Ergebnis (-se)
reunification die Wiedervereinigung
to ride reiten~
right rechts
right (correct) richtig
right (to) das Recht (-e) (auf + acc.)
to rise steigen~; (get up) auf | stehen~
role die Rolle (-n)
roof das Dach (-¨er)

row   die Reihe (-n)
rubbish   der Müll
rubbish bin   der Mülleimer (-)
rule   die Regel (-n)
to run   laufen~

safe(ly)   sicher
satisfied   zufrieden
scenery   die Landschaft (-en)
scientist   der Wissenschaftler (-)/die -in
sea   die See (-n); das Meer (-e)
to search   suchen
secure(ly)   sicher
sense   der Sinn (-e)
to separate   trennen
series   die Reihe (-n)
to serve   dienen (+ dat.)
to set off   los I gehen~
to share   teilen
shop   der Laden (¨); das Geschäft (-e)
to show   zeigen
shower; take a shower   die Dusche (-n); sich duschen
to shut   schließen~
side   die Seite (-n)
similar(ly)   ähnlich
simple, simply   einfach
to sit   sitzen~
to sit an exam   eine Prüfung ab I legen
to skate   Schlittschuh laufen~
to ski   Ski fahren~, Ski laufen~
to sleep   schlafen~
slice – a slice of bread   die Scheibe (-n) – eine Scheibe Brot
slow(ly)   langsam
to smell (of)   riechen~ (nach + dat.)
snow   der Schnee
sociable   gesellig
society   die Gesellschaft (-en)
solar energy   die Solarenergie (-n)
soldier   der Soldat (-en) (wk. n.)/die -in
sometimes   manchmal

soon   bald
speed   die Geschwindigkeit (-en)
to spend (money)   aus I geben~
to spend (time)   verbringen
splendid(ly)   großartig
spoon   der Löffel (-)
spring   der Frühling
to stand   stehen~
state   der Staat (-en)
state (condition)   der Zustand (-¨e)
station   der Bahnhof (-¨e)
to stay   bleiben~
to stop   auf I hören; halten~
story   die Geschichte (-n)
straight on   geradeaus
strict(ly)   streng
to stroll   bummeln
strong(ly)   stark
subject   das Thema (Themen)
subway   die U-Bahn (-en) (= Untergrundbahn)
succeed; We didn't succeed in ...   gelingen~; Es ist uns nicht gelungen, ...
to suffer   leiden~
to suffice (be enough)   reichen, genügen
to suggest   vor I schlagen~
summer   der Sommer
sun   die Sonne (-n)
sunshine   der Sonnenschein
supermarket   der Supermarkt (-¨e)
survey   die Umfrage (-n)
to swim   schwimmen~

to take   nehmen~
to take place   statt I finden~
to talk (about)   reden (über + acc.)
taste   der Geschmack (-¨e)
to teach   unterrichten
team   die Mannschaft (-en)
terrible   schrecklich
to thank   danken (+ dat.)
then   dann
thing   das Ding (-e); die Sache (-n)

to think   denken~, glauben, meinen
thorough(ly)   gründlich
to throw   werfen~
tidy   ordentlich
time   die Zeit (-en)
tired   müde
topic   das Thema (Themen)
trade   der Handel
to trade   handeln
traffic   der Verkehr
traffic lights (set of)   die Ampel (-n)
train   der Zug (-¨e)
training   die Ausbildung
tram   die Straßenbahn (-en)
to translate   übersetzen
trend   die Entwicklung (-en); der Trend (-s)
truth   die Wahrheit (-en)
to try   versuchen
tube   die U-Bahn (-en) (= Untergrundbahn)
typical(ly)   typisch

umbrella   der Regenschirm (-e)
to understand   verstehen~
unemployment   die Arbeitslosigkeit
unity   die Einheit
to use   nutzen, benutzen, gebrauchen, verwenden
usually   gewöhnlich

vacation   der Urlaub (-e)
value   der Wert (-e)
various   verschieden
view   der Blick (-e)
village   das Dorf (-¨er)
to visit   besuchen
voice   die Stimme (-n)

wage   der Lohn (-¨e)
waiter/waitress   der Kellner (-)/ die -in
to want   wollen
to wash   waschen~
to watch TV   fern I sehen~
way out   der Ausgang (-¨e)
weak   schwach
to wear   tragen~
weather   das Wetter
wedding   die Hochzeit (-en)
week   die Woche (-n)
Welcome!   Willkommen!
well-known   bekannt
white   weiß
widow   die Witwe (-n)
widower   der Witwer (-)
winter   der Winter
world   die Welt (-en)
worry – Don't worry!   die Sorge (-n) – Mach dir keine Sorgen!
to write   schreiben~

yard   der Hof (-¨e)
to yawn   gähnen
year   das Jahr (-e)
yellow   gelb

zero   die Null (-en)

grammar index

References are to units.

teach
yourself

german grammar
jenny russ

- Are you looking for an accessible guide to German grammar?
- Do you want a book you can use either as a reference or as a course?
- Would you like exercises to reinforce your learning?

German Grammar explains the most important structures in a clear and jargon-free way, with plenty of examples to show how they work in context. Use the book as a comprehensive reference to dip in and out of or work through it to build your knowledge.

teach yourself

world cultures: germany
ian roberts

- Are you interested in the story of Germany and the Germans?
- Do you want to understand how the country works today?
- Are you planning a visit to Germany or learning German?

World Cultures: Germany will give you a basic overview of Germany – the country, its language, its people and its culture – and will enrich any visit or course of study. Vocabulary lists and 'Taking it Further' sections at the end of every unit will equip you to talk and write confidently about all aspects of German life.

teach yourself®

the A-Z of teach yourself language titles

available from bookshops and on-line retailers